75 YEARS
आपसे हैं हम

अनामिका

साहित्य अकादमी पुरस्कार से पुरस्कृत कवयित्री अनामिका का जन्म 17 अगस्त, 1961 को मुज़फ़्फ़रपुर, बिहार में हुआ। वे दिल्ली विश्वविद्यालय में अंग्रेजी की प्रोफ़ेसर हैं। उनकी पुरस्कृत और देश-दुनिया की बहुतेरी भाषाओं में अनूदित प्रमुख कृतियाँ हैं—*बीजाक्षर, अनुष्टुप, कविता में औरत, खुरदुरी हथेलियाँ, दूब-धान, टोकरी में दिगन्त, पानी को सब याद था, My Typewriter is My Piano, Vaishali Corridors* (कविता-संकलन); *अवान्तर कथा, दस द्वारे का पींजरा, तिनका-तिनके पास, आईनासाज़* (उपन्यास); *स्त्रीत्व का मानचित्र, स्वाधीनता का स्त्री-पक्ष, त्रिया चरित्रं : उत्तरकांड, स्त्री मुक्ति : साझा चूल्हा, Feminist Poetics : Where Kingfishers Catch Fire, Donne Criticism Down the Ages, Treatment of Love and War in Post-War Women Poets, Proto-Feminist Hindi-Urdu World (1920-1964), Translating Racial Memory, Hindi Literature Today* आदि (आलोचना)।

ई-मेल : anamikapoetry@gmail.com

अनामिका

बन्द रास्तों का सफ़र

राजकमल पेपरबैक्स

राजकमल पेपरबैक्स में
पहला संस्करण : 2022

राजकमल पेपरबैक्स : उत्कृष्ट साहित्य के जनसुलभ संस्करण

राजकमल प्रकाशन प्रा.लि.
1-बी, नेताजी सुभाष मार्ग, दरियागंज
नई दिल्ली-110 002
द्वारा प्रकाशित

शाखाएँ : अशोक राजपथ, साइंस कॉलेज के सामने, पटना-800 006
पहली मंज़िल, दरबारी बिल्डिंग, महात्मा गांधी मार्ग, प्रयागराज-211 001
36 ए, शेक्सपियर सरणी, कोलकाता-700 017

वेबसाइट : www.rajkamalprakashan.com
ई-मेल : info@rajkamalprakashan.com

बी.के. ऑफसेट
नवीन शाहदरा, दिल्ली-110 032
द्वारा मुद्रित

मूल्य : ₹199

BAND RASTON KA SAFAR
Poems by Anamika

ISBN : 978-93-92757-10-5

सादर समर्पित

अपनी महीयसी माँ, प्रोफ़ेसर आशा किशोर के श्री चरणों में...

जीवन से थक-हारकर जब भी मैंने तुम्हारे मुलायम पेट में गाल सटाए,
तुम्हारे महाप्राण शब्दों ने झीना-सा आँचल ओढ़ाया, आँचल की छाँह में
हर बार एक नया जन्म मिला मुझको, इस तरह कितनी बार तुमने मुझे
एक नया जन्म दिया...

मेरे इतने जन्मों की माँ, अनन्त की ओर जो चली हो तो वह राह भी तुम्हारी
छाँह में हरी-भरी हो जाएगी...सारी धरती की माँ होने का जज़्बा था तुममें,
काश, हम-सब ऐसे हो पाते तो दुनिया किसी के लिए
बन्द रास्तों का सफ़र न रहती!

क्रम

कोरोना काल की तीन कविताएँ

छूटना

धीरे-धीरे जगहें छूट रही हैं,
बढ़ना सिमट आना है वापस अपने भीतर!

पौधा पत्ती-पत्ती फैलता
बच जाता है बीज-भर,
और अचरज में फैली आँखें
बचती हैं, बस, बूँद-भर!

छूट रही है पकड़ से
अभिव्यक्ति भी धीरे-धीरे!
किसी कालका-मेल-से धड़धड़ाकर
सामने से जाते हैं शब्द निकल!

एक पैर हवा में उठाए,
गठरी ताने
बिलकुल अवाक् खड़े रहते हैं
गन्तव्य!

उखड़े हुए पोस्टर

तूफ़ान गुज़र गया, बचे रह गए पोस्टर!
एक बड़ा पोस्टर
दीवार से आधा चिपका
जूझता रहा देर तक
उल्टी हवा के ख़िलाफ़!
फिर एक दिन कटी पतंग-सा गिरा!
लस्तम-पस्तम मंडी तक पहुँचा!
यह कुछ कहना चाहता था
आते-जाते लोगों से,
लहराना चाहता था वह अभी और
कि एक हादसा हुआ :
एक तरबूज फट गया उसकी छाती पर
किसी पुलिसिया बूट से दबकर!
अब एक ठोंगे-बराबर भी
इसकी औकात नहीं थी सब्जी मंडी में!
पोस्टर पर जो तने थे मुट्टी बाँधकर,
वे हाथ उनके थे जिनकी मसें भी नहीं भीगी
थी अब तक।

सर पर क़फ़न बाँधे निकले सड़क पर
तो दौड़ी थीं उनकी माँएँ उनके पीछे
लेकर दही की कटोरी
बस्ती के सीवान तक!

बारिश की बूँदें बहुत चुप थीं
काँपती हुई पत्तियों पर,
और कबूतर कर रहे थे एक महासभा
सोचते हुए कि
वे भी डाकिए थे कभी,

अपनी इन घायल चोंचों से उठाकर
क्या वे पहुँचा सकते हैं वह सन्देश
वहाँ आम लोगों तक,
सन्देश जो
दुनिया के डाकख़ाने में
पोस्टर पोस्ट
करना चाहते थे?

कुछ देर किच-किच हुई,
फिर सभा में एकमत होकर
कबूतरों ने चुन लिये दानों की तरह
पोस्टर पर बिखरी कविता के अक्षर
और उड़ गए ऊँचे
पंचतंत्र के उन कबूतरों की लय में
जाल-समेत एक साथ!

मेघदूत देखते रहे भीगी पलकों से
सूफ़ियाने सिलसिले बूढ़ी कायनात के!
गुनगुना रहे थे मशालची—
'साथी, हाथ बढ़ाना, साथी रे!'

कौन देस के बासी पाखी

(सन्दर्भ: सिटिजेनशिप अमेंडमेंट बिल)

ऊधो, कौन देस के बासी?
कौन देस के बासी पाखी—
पार-पत्र के बिना उड़े जो
हरदम सीमा-पार?
कैसे कोई कार्ड बनाए?
किस ज़मीन का पता बताए
जिसके पैर-तले ज़मीन ही
खिसकी बारम्बार?
पंक्ति-पंक्ति में गुँथे जहाँ हों
तत्सम, देशज, तुर्की, अरबी
किसको देशनिकाला दे
उस भाषा का संसार?
जैसे ब्रिटिश राज की साँसत
निबटी थी हमने मिल-जुलकर,
दहशत-गुरबत निपटेंगे हम
मिलकर फिर इस बार!
कल तक जिसके घर ही खेले,
झेले सारे साथ झमेले,
उसकी आँखों में अब क्यों है
संशय के आसार?

चौराहे के हनुमत बाबा,
कैसे दूर करें ये बाधा
क्या सबूत दें साझेपन का
अपना सीना फाड़?

ट्रैक्टर पर होरी

दिल्ली मेट्रो में वे पहले-पहल बैठे होंगे।
जिस लड़की ने उठकर उनको जगह दी थी,
एकदम से बोल उठी थी...
"बैठ जाइए, बाबा
अपने चैनल पर मैं ही किसान आन्दोलन
कवर कर रही हूँ,
उस दिन मैंने आपकी बाइट ली थी।"
चौंककर मैंने उन्हें देखा।
मैंने जितने किसान देखे थे,
कितने अलग थे ये सरदार जी उनसे।
प्रेमचन्द के होरी-हरखू,
टॉलस्टॉय के लेविन
और विदर्भ के किसान
जो कर्ज के बोझ से दबकर
आख़िरी साँस भर रहे थे—
डील-डौल में, रंग-रुतबे में
इनसे कहाँ मेल रखते थे !

लेकिन हाँ—
आँखें वही थीं—
ठेठ किसान की तरह
अपनी भँवें जोड़कर
आसमान पढ़ती हुई,

दीठें मिलाती हुई काल से,
और उँगलियाँ भी वही—
गाँठदार जैसे परालियाँ...
जो जमीन छोड़ना नहीं चाहती
तो जला दी जाती हैं
सिरे से ही!
उनके स्वर में काँपते थे पठार
भूकम्प के झटके झेलते हुए!
खाँसते हुए बोले धीरे से

"देशी बाज़ार हाल-चाल पूछता है,
सुन भी लेता है फरियाद,
मंडियों में आदमी बैठे होते हैं
पर कम्पनी काउंटरों पर
बैठेंगी केवल मशीनें
अंग्रेज़ी थूकती हुई
एक कम्पनी राज मुश्किल से हमने खदेड़ा था
फिर कम्पनी राज नहीं चाहिए।"

कश्मीरी गेट पर उठे बाबा,
तो पीछे उनके चलीं पाँच नदियाँ,
सिल्क रूट सिन्ध और मुल्तान का
भगा पीछे,

दौड़ गया पूरा ही 'झूठा सच'
'जिन्दगीनामा' के पात्र भगे—
उनके लिए भीड़ काटती हुई
शाहनी की सात गउएँ भी दौड़ गईं
"सुच्चा अँधेरा;
पौ फटने के पहले का!
मैं चाँद पी जाऊँगी...
सोने जैसे सुथरे जल से

सींचूँगी खेत।"
बोली लड़िक्को।
जार निकोलाई ज़ोर से हँसा।
समय पर लगान नहीं दे पाए
सारे किसानों को फिर से बुझाई पहेली
"जाओ वहाँ , न जाने कहाँ
लाओ उसे, न जाने किसे।"

काल का पुराना घराना

यहाँ खूँटियों पर टँगा
मैं पुराने ढंग का कैमरा—
देख रहा हूँ अधझपी पलकों से
सेल्फी-शासित यह संसार—
लगातार दौड़ता हुआ!
समृद्ध है मेरा अभ्यंतर
सुस्थिर तस्वीरों से,
इसीलिए नहीं ज़रूरत होती मुझे दौड़ पड़ने की!
फ़ुर्ती में रहते हैं 'छोटे ख़याल'
ऊर्जस्वित,
इनका भी अभिवादन,
पर मैं विलम्बित का गायक,
लम्बा है मेरा आलाप
ख़रामा-ख़रामा मैं चलता हूँ आराम से!
काल का वह कैमरा
जो फ्लैशगन चलाए बिना
हर पल हरेक कोण से
लेता है तस्वीरें आपकी,
मेरा द्रोणाचार्य था वो ही!
आकाश के ऐल्बम में
बादलों के झीने-से आवरण के तले
अब तक झलकता है कटा हुआ मेरा अँगूठा

दुनिया को अँगूठा दिखाता हुआ!
जिनके अँगूठे कट जाते हैं,
शब्दभेदी बाण वे ही चलाते हैं
या फिर विलम्बित लय में गाते हैं डूबकर
सधे हुए मौन का ध्रुपद!

चोरी की किताबें

ग़ौर से देखती हूँ मैं
उस बन्दे का चेहरा
जो तीन बार सिर्फ़ इस ख़ातिर
जेल गया,
लम्बी सज़ा काटी
तो बस इस अपराध में
कि उसने अपने
वेबसाइट पर
मुफ़्त में मुहैया कराईं
दुनिया की सारी अनूठी
पर महँगी किताबें!
क्या यह रॉबिनहुड नहीं
ग़रीब देशों के
उन होनहारों की ख़ातिर
जो डॉलरें देकर
पुस्तक ख़रीद नहीं सकते?
ज्ञान की पिपासा की यह दुर्गति?
ज्ञान-दान-अभियान ही तो है
नन्ही-मुन्नी-सी यह
    परम सात्त्विक चोरी!
    चरनदास चोरों के समानांतर
    रॉबिनहुडों और गॉडफादरों का इतिहास
        है गवाह—

चौरकला चौंसठ कलाओं में एक है!
ख़ासकर दोस्तों की ख़ातिर
इस तरह की माखन चोरी—
    यह तो अपराध नहीं।
लाहौल-विला-कुव्वत—
इस पर क्या जेल-हवालात,
बहुत हुआ तो
मार दो
गाल पर थपकी!

मुक्ति

एक पत्थर का अकेलापन
भाँपकर सिहरती है घास
और उसे ढँक लेना चाहती है
अपने आँचल में!
अपना घोड़ा वक़्त यहीं बाँधता होगा—
दरिया में हाथ-पाँव धोता हुआ,
सोचता होगा—
क्या बच गया, क्या गया।
वैसे तो इतना गया—गुज़रा
कोई नहीं होता कि
पूरा गुज़र जाए!
गुज़र-बसर की आहट
गुज़रे में है—
कोने-अँतड़ों में कहीं छुपकर
गुजर-बसर कर लेती हैं चीज़ें
वक़्त की खदेड़ी हुई
जैसे कि कच्ची कॉलोनियों में लोग-बाग!
ख़ुद को तसल्ली-सी देते हुए
मैंने जब रात से कहा—
एक बीते हुए रिश्ते
और एक बीती हुई रात में
अधिक फ़र्क़ होना तो नहीं चाहिए,
वह एक बेचैन करवट को

आश्वस्त-सी थपकियाँ देती बोल पड़ी—
"बीतना रीतना नहीं है
और अगर हो भी तो
तुम इस होने में प्रवेश करो
जैसे कि कोई ग़रीब आदमी
और धकेल दी गई औरत
अपने वजूद की कुंडी खटकाते हुए
स्वाभिमान में करते हैं प्रवेश!
"स्वाभिमान में
और दूसरे ढहे हुए घर में
अधिक फ़र्क़ होना तो नहीं चाहिए",
मैंने खँडहर से कहा,
वह अपनी खसखसी आवाज़ में बोला—
"होने-नहीं होने का फ़ासला,
पाटती थीं जो दो शहतीरें—
कल आँधी-पानी में चटक गईं वे भी!
बहना था सो बह गया,
बस इसके आगे
अब यह नहीं पूछना—
'बहने और रहने में क्या फ़र्क़ है, बाबा!'
फ़र्क़ का तर्क यहीं गर्क करो
और जो भी हो रहा है—वो देखो,
ख़ूब ग़ौर से देखो—
उसके होने में प्रवेश करो!
आँखें कम-कम देखती हैं,
इधर-उधर उड़ती-फिरती हैं तभी
बन जाती हैं टिटहरी,
आँखों से आँखपन चला जाता है,
जीवन से बाँकपन चला जाता है।
कान कम-कम अकानते हैं तभी
और कम-कम जानते हैं सभी—
बीतने का ठठना,

बहने का रहना, रहने का सहना—
सच पूछो तो है सच्चा गोइयाँ।
इसी तरह विपरीत स्थितियाँ
        पक्की सहेलियाँ
        बचपन में बिछड़ी हुईं!
        सपनों में देती हैं आवाज
        एक-दूसरे को
और एक दिन ऐसा आता है—
हहाकर गले मिलती हैं दोनों स्थितियाँ
आपके ही भीतर जैसे कि दुख-सुख और संझा-प्रभाती!
जहाँ गले मिलती हैं वे
वहीं से शुरू होती है
सरहद महामुक्ति की!

स्थगित

दराज जाम हो गई थी,
वक़्त की दराज!
पहले तो इस दराज ने थोड़ा नखरा किया
कि इतने बरस बाद अब याद आई,
पर मैंने नखरा उठाया
और चुपचाप खरी-खोटी सुन ली!
मनाया-वनाया तो बेचारी
खुल ही गई।
भाग-दौड़ के बीच क्या-क्या सरका रखा था भीतर—
देखो तो!
दर्द की कुछ गोलियाँ थीं यहाँ—
सबकी ही एक्सपायरी डेट बीत गई थी!
बाकी तो सब काग़ज़-पत्तर ही थे—
एक पुरानी डायरी में
जीवन के सारे मन्सूबे लिखे थे—
फ़ुर्सत के किसी एक दिन के लिए
सब सपने कर रखे थे स्थगित!
कुछ पुराने चिट मिले—
रच-रचकर लिखे हुए थे जिन पर
अनजान गली-मुहल्लों के पते!
एक का काग़ज़ तो
बिलकुल चिरकुट हो गया था!
अब तो यह याद भी नहीं था—

किसने मुझे
मनुहार से यह थमाया था
कहते हुए—
"घर आइएगा हमारे
जब फ़ुर्सत मिले!"
फ़ुर्सत का पूरा समुन्दर है
पर बन्द हैं रास्ते!
दो टापुओं की तरह
छोटी लहरों से घिरे—
अक्सर हम अपनी जगह से
टसक ही नहीं पाते!
टुकुर-टुकुर रह जाते हैं देखते
कि दूर वहाँ सारी बड़ी लहरें
कैसे हहाती हुई दौड़ती हैं
दो अलग दिशाओं से
और जार-जार टूटकर
मिल जाती हैं गले!
ये लहरें इसलिए बड़ी हैं
कि वे कछार तोड़कर
आगे बढ़ती हैं,
करती नहीं स्थगित फ़ैसले
फुर्सत के किसी एक दिन के लिए!

दो वृद्धा बहनें मोबाइल पर

"सूली पर चढ़े हुए ईसा की मुद्रा में
पत्रहीन गाछ खड़ा है खिड़की के बाहर!
उसके मूलाधार से चढ़ रहा है रस—
एक सुगबुगाहट-सी है उसके भीतर—
एक फूल जो खिला नहीं अब तक—
        आकाश में उसका ड्राफ़्ट बन रहा है
        या शायद सहस्रार के भीतर!
इन्द्रधनुष में डूबी है किरणों की कूची!
उमग रहे हैं रंग सारे
        एक-एक कर!
क्या जाने किसकी ज़रूरत पड़ जाए
        उस पंखुड़ी को
        जो हो सकता है
                अचानक चटक जाए
                कल डाल पर!"
"मेरा बहुत मन था,
मैं तुम्हारी जीवनी लिखती, दीदी!
बाबा ने हमको पढ़ाया था
कितनी लगन से!
मैं भी कुछ कर सकती थी
लेकिन मैंने तो विवाह किया...
मेरी हालत देखकर तुम डरी
और अब वहाँ

हॉस्टल में अकेली!"
"छोड़ो न,
जो है, सब अच्छा है!
लिखने लायक मेरे जीवन में क्या है?
दो पंक्तियों में
सिमट आएगा जीवन—
यह एक ऐसी औरत थी
जिसने बस पेड़ों से प्यार किया
और कविताओं पर ही जान छिड़की!
...कैसी है साँसों की तकलीफ़?
बचपन में तुम कितने चाव से
मलाई बरफ खाती थी!
कितने दिनों से नहीं खाई?"
"आज का दिन शानदार ही कहा जाएगा!
आराम से है कमर,
गुनगुने पानी की थैली के ऊपर!
आज नहाने में हरारत भी नहीं हुई!
आज कोई ऊबकर नहीं बोला!
कितनी निश्चिंत दोपहर है,
        बिलकुल निर्बाध!"
सुन्दरतम क्षण है यह कायनात का,
दो वृद्धा बहनें मोबाइल पर
परम मग्न होकर
ले रही हैं हालचाल
एक-दूसरे का!
देखो, अनन्य छोह से
        पूछ रही हैं कैसे
बिलकुल छोटे-छोटे
        शुद्ध सारवादी सवाल—
        भूख और दुःख और तृष्णा से जुड़े हुए!
"का खाऊँ, का पिऊँ? का ले परदेस जाऊँ?"
लोकगीत में चिड़िया

जैसे कि पूछती थी
मानो अपने से,
पूछ रही हैं दोनों
एक-दूसरे से!

कश्मीरियत

[प्रिय कवि रघुवीर सहाय की उन सारी बेटियों के लिए जो उनकी कविताओं से हिम्मत पाकर 'पढ़िए गीता, बनिए सीता, फिर इन सबको लगा पलीता' वाले घनचक्कर से बाहर निकलीं। उन्होंने घर-गृहस्थी सँभाली भी तो ज्ञान को पलीता न लगाया, घर की सबसे बड़ी पतीली भरकर भात पकाया लेकिन दुनिया के सबसे परेशानहाल आदमी की तरफ़ से सोचते रहने के यत्न भी किये और 'पर्सनल इज पॉलिटिकल' वाली संवादमुखी इतिहास-दृष्टि दुनिया को दी जो मानती थी कि अपने लिए, अपनों के लिए जैसा बर्ताव दूसरों से चाहते हैं, वैसा ही बर्ताव दूसरों से भी करें, तभी बन्द होगी पॉलिटिक्स ऑफ अदरिंग जिसका शिकार हैं युद्ध, दंगे, अलगाववाद, आतंकवाद से पीड़ित दुनिया के सारे इलाक़े! स्त्री-लेंस से ये बृहत्तर समस्याएँ देखने को प्रतिबद्ध, लगातार संकीर्णता के ख़िलाफ़ खड़ी उस स्त्री-दृष्टि को समर्पित है यह कविता जिसकी जड़ें विश्व-भर में फैलीं और एक बूँद ख़ून बहाए बिना जो अपने आँचल की छाया में हमेशा एक-न-एक बड़ा मुद्दा लेकर चली : चौथे दशक में विनिवेशीकरण, पाँचवें-छठे दशक में निःशस्त्रीकरण, सातवें में अपरथाइड या रंगभेद नीति, आठवें में पर्यावरण-संरक्षण, नवें में आतंकियों का हाइपर मैस्कुलाइजेशन यानी अतिमर्दवाद।]

दादी शगुफ़्ता के सन से सफ़ेद बाल
धूप में तो सफ़ेद नहीं ही हुए थे!
दुनिया देखी थी उन्होंने अपनी उस नन्ही-सी खिड़की से।
खिड़की नन्ही होने से दुनिया नन्ही नहीं होती,
ओछी नहीं होती नन्ही खिड़की की समझ!
जो एक क़तरे का सच है, कायनात का भी वही है!
बात ग़ौर से देखने की है
वरना तो हर योद्धा, हर सैलानी
दांड्यायन से भी बड़ा होता ज्ञानी—
जिनके कि पाँव कट चुके थे

सो वे कभी अपनी जगह से हिले ही नहीं थे!
पाँवों की क्या है बिसात,
बिन आँख के देखी थी दुनिया
होमर ने, मिल्टन ने, सूरदास ने!
तो बात देखने की भी नहीं, ग़ौर करने की है!
दादी ने ग़ौर से सोचा था इतिहास की भूलों पर,
तब ही वे कहती थीं अक्सर गीता रैना से
उसके उलझे-पुलझे बालों की गाँठें धैर्य से निकालती हुई,
"इतिहास की गाँठें भी निकलेंगी, बेटी
ऐसे ही धीरज से, ईमान से!
अखरोट की खेती है लेकिन ईमानदारी—
इसके फल जल्दी नहीं लगते।"
आग में झोंका गया जिस दिन
श्रीनगर का वह पुराना पुल,
गीता रैना ने तड़पकर लिखा था मुझे—
'पुल उड़ गया है, अनामिका,
पुल जो हमारा साझा बुज़ुर्ग हुआ करता था—
बस्ती के दोनों पाटों को
कुछ ऐसे जोड़ता हुआ जैसे दादी शगुफ्ता
जोड़ती थीं हाथ छिटके हुए
मेरे और शहनाज के
जब हम लड़ जाती थीं आपस में
फिरंग के नीचे काँगड़ी में सिंकते
उन आलुओं के लिए,
चटनी छिड़कते थे जिन पर
दादी के क़िस्से, क़िस्से वे कश्मीरियत की
साझी विरासत के!
'एक वो जमाना था' कहती थी दादी,
'जब हिन्दू माँ हो या मुसलमान,
चुटकी लेती थी सुबह-शाम
अपने होने वाले बच्चे से—
ऐ मेरे नन्हे फ़रिश्ते, कोख में आ भी गया तो

बैठ जरा चुप करके,
जब तक मौसम न बदल जाए!
पैदा होना तब जब बर्फ़ पिघल जाएगी,
रस्ते खुल जाएँगे
और ले आएँगे बाबा खच्चर पर बिठाके
घाटी की सबसे हुनरमन्द दाई को,
नाल वही काटेगी आहिस्ता से
और गाड़ेगी भी यहीं कहीं मिट्टी में
ताकि तू चाहे जहाँ जाए, लौटकर यहीं आए
मेरे आँचल के तले,
और इन चिनारों की छाँव नहीं
तुझसे कभी बिछड़े!'
शहनाज ने लिखा है—
उसके दिन चढ़ गए हैं,
पूछती फिरती है सेब के दरख़्तों से—
'क्या बर्फ़ पिघलेगी,
मौसम बदलेगा कभी? खुल जाएँगे रास्ते?
बरसों से उथला पड़ा है रबाब यहाँ
जो उसके बाबा बजाते थे अपने शिकारे में,
चाँद जब उतर आता था पानियों में हमारे।
अब तो पानी उतर गया है,
डरी हुई हैं भेड़ें हमसे भी ज़्यादा
अलकायदा के जवानों से उतनी ही
जितनी कि उन सैनिकों से
जो उनको 'अपना' कहते हैं डपट के
जैसे कि मग़रूर शौहर कोई 'अपना' कहता है
इस तरह गरज कर बीवी-बच्चों से
कि डरकर उड़ ही जाते हैं परिंदे
कचनार की डालियों से!
चाहते हैं बीवी-बच्चे
अपनी अलग एक दुनिया बसाना, पर
डर के मारे उससे कुछ नहीं बोलते

तो भी तरंगता है—
'क्या चल रही है, गिटपिट-गिटपिट, तू क्या पड़ोसी के साथ भाग जाएगी?'
तौबा-तौबा, वह और उसका पड़ोसी,
एक तरफ़ है कुआँ, दूसरी तरफ़ खाई,
डरी हुई हैं भेड़ें हमसे भी ज़्यादा,
ऊन भी ठिठक-सी गई है,
ठिठक गई हैं सारी कालीनें,
ठिठक गए हैं लिहाफ़
जिन पर कि काढ़ती थीं दादियाँ
खुली-खिली एक कायनात,
काढ़ती थीं लेकिन छुप-छुपकर रात के अँधेरे में
कि घर की गुरबत का किसी को पता न चले,
पता न चले कि नहीं चल रही रोज़ी-रोटी
इस घर के मर्दों की अकेली कमाई से!,
अखरोट की खेती है, दादी, कश्मीरियत भी?
देर से सही, पर उगेगी तो?
या फिर सदा के लिए उजड़ गई साझी विरासत?

चाहे जिस क़ौम का मरे और कोई मरे
फटती है धरती की छाती, घुटती है ममता ही—
इसीलिए तो दादियों-नानियों ने
सारे मसाइल सुलझाए आपस की बातचीत से!
और जंग के भी दिनों में क़िस्से मोहब्बत के
कातती-बुनती रहीं जादुई कालीनों-जैसे!
पहले तो सिर्फ़ बाँचती थीं,
अब वे लिखती हैं समझाके—
'पोशाक नहीं हैं उसूल
कि वे अलग हों घर के और बाहर के!'
लिखती हैं अपनेपन से वे सादा बातें,
अब जैसे किसी ने लिखा कि कर्फ़्यू यह लम्बा खिंचा
तो बच्चा ऊब गया और गेंद उसने उठा ली।
रोकते रहे अम्मा-बाबा, फिर डाँटकर बोले—

‘अच्छा, अगर खेलना है ही तो यहीं पर खेलो,
ख़ुद ही उछालो, ख़ुद ही लोक लो।’
मान गया बच्चा पर गेंद कहाँ मानी,
उछली और तीसरे माले से
उस पुलिस वाले की टोप पर गिरी
जो गश्त लगाते-लगाते थक-सा गया था!
पहले वह गुर्राया, फिर उसको क्या जाने क्या याद आया,
शायद अपना बच्चा, पीछे कहीं गाँव में छूटा—
तो उसने गेंद उठाकर फेंकी वापस
और थोड़ा मुस्कुराया!
बच्चे को बहुत मजा आया!
अब चल गया सिलसिला
सूफ़ियाना गेंदा-गेंदी का!
चलता रहा जब तक सूरज भी—
इस खेल में शामिल नहीं हो गया—
अल्ला मियाँ की उछाली गई गेंद-सा
लगातार गिरता-उछलता रहा
रक्तरंजित पानियों में।
हे रब्बा, हे अल्ला, हे रामजी,
क्षेमेन्द्र, राजशेखर, हब्बाखातून, लल्लेश्वरी,
कुछ तो करो कि क़ायम रहे गेंदा-गेंदी,
पिघले ये तनातनी!
हँसती और खेलती हुई एक गेंद आए, एक गेंद जाए!
दुनिया में युद्ध की पिपासा स्पोर्ट्स तक ही सिमट जाए!
खेल के मैदान तक ही सिमट जाए बस अपनी जीत की पिपासा!
अखरोट की खेती देर से सही—
सबको बरकत दे!
हम भी कुछ कर पाएँ उनके लिए
कि कोई ऐसे बिफरकर नहीं बोले—
“क्या हम पर बीत रही है, यह हमीं जानते हैं!
जाके पाँव न फटी बिवाई, सो का जानै पीर पराई!”
पीर पराई? लेकिन है कौन पराया यहाँ—

एक खाट हरदम जहाँ
बिछी रही स्वागत में बाहर ही,
सहज ही निकलता रहा पाँच के हिस्से में
बारहवें मेहमान का खाना
गीता की बड़ी-सी पतीली में?"

जनता फ़्लैटों में मुग़ल बच्चियाँ

औलिया के मज़ार के झरोखे की
फूलदार जाली पर
क्या जाने कब से ऊँचा बँधा
मन्नतों का लाल धागा
मौसमों की मार सहकर भी
सब्र नहीं खोता!
ढीली नहीं पड़ती कभी गाँठ उसकी!
उस गाँठ-सी ही बुलन्द और कसी हुईं
ये कुछ मुग़ल लड़कियाँ—
नूरजहाँ, मेहरुन्निसा, शाजिया
चाँदवारा के गुरुद्वारे में
स्पास्टिक बच्चों को
इतिहास-भूगोल-हिन्दी पढ़ाती हैं।
सिंधी कढ़ाई में तो इनका कोई जवाब ही नहीं!
जो बातें इनको चुभ जाती हैं,
ये उनकी सुई बना लेती हैं।
चुभी हुई बातों की ही सुई से इन्होंने
काढ़े हैं आकाश पर ये सितारे
और धरती के ये सारे नज़ारे
जो सोचा था अम्मी ने चाव से
भेजेंगी इनके दहेज में।
धीरे-धीरे ये बड़ी हो गईं इतनी—
दुनिया के सब बन्दे बुतरू हुए इनके आगे,

जब ये पैंतीस-पार पहुँचीं
एक-एक कर ये नायाब मेजपोश और दुपट्टे
निकलते गए बक्से के बाहर—
कुछ दोस्तों के निकाह में खपे,
कुछ उनके बच्चों की सालगिरह पर काम आए!
सरहद के कद्दावर पेड़-सी अकेली ये
कोई भी सरहद नहीं मानतीं—
सरहद के दोनों तरफ़ गिरती है इनकी छाँव।
दंगों में बेघर हुआ
तेरह बरस का संजीवन
इनके ही घर तो पला!
ये सूरज उनका गुलूबन्द है—गोल करके तहाया हुआ!
दरगाहों पर जितने दीये हैं—
इनकी आँखों से उजास माँगते हैं
और ये जाने किस-किस के लिए माँगती हैं दुआएँ।
सारी दुनिया इनका गोद लिया बच्चा हो जैसे।
हयात-ए-तय्यबा, हयात-ए-हुक्मी!

ख़ुशदिल कहावतें

जीब्रा क्रॉसिंग पर जो धारियाँ दीखती हैं—
उस दरियाई घोड़े की हैं
जिसका 'दरिया' बस उपमान रह गया है 'दरियादिली' का।
भाषा का सरकस चलाती हैं ख़ुशदिल कहावतें—
उसमें भी कुछ हाथी-घोड़े बचे हैं :
"हाथी चले बजार, कुत्ता भूँके हजार" वग़ैरह-वग़ैरह।
जैसे कैलेंडर में फूल अब भी खिले हैं,
कम्प्यूटर-स्क्रीनों पर तोते बैठे हैं—
प्रफुल्ल-विलसित-प्रगल्भ,
एक लुप्तप्राय प्रजाति-से बचे हैं
ऐसे भी लोग—
'बेगानी शादी में अब्दुल्ला दीवाना' भाव से जो
हरदम प्रसन्न नाचते हैं
दूसरों के सुख में
जैसे कि भाषा में
ख़ुशदिल कहावतें।

एफ.आई.आर.

एक तम्बू में गुज़ार दिए इतने बरस!
स्टोव पर गुड़ के चावल पकाती,
मंगल मनाती रही कि
बना रहे जो कुछ बचा है।
एक रोज़ आँख खुली तो देखा—
मेरे पहाड़ कोई चुरा ले गया,
चुरा ले गया मेरे जंगल!
टेबल के नाम पर
एक पठार ही तो था पास मेरे—
उस पर ही आवेदन लिखती,
खिचड़ी पकाती,
कभी-कभी उस पर ही
सर रखकर सो जाती!
वह पठार भी कोई चुरा ले गया!

नौकरियाँ ढूँढ़ते हुए कभी जी करता
डिग्री की नावें बनाकर
तिरा दूँ कहीं।
हाथ डुलाती चली जाऊँ देने इंटरव्यू।
कुरते बदरंग हो गए थे!
इंटरव्यू में पहनने के लायक
कुल तीन बादल बचे थे,
वहीं अलगनी पर तो फैलाकर डाले थे!

क्या जाने कहाँ उड़ गए!
मेरी धमनियों में बहती हुई
समय की नदी—
उसकी वह बेख़ौफ़ कल-कल, छल-छल भी
चुरा ले गया कोई!
सब तीन-तेरह,
नौ दो ग्यारह,
हथलपक है यह शहर,
सिर्फ़ उचक्कों के पौ बारह!

सार्वजनिक पुस्तकालय

जिन्दगी जेठ की दुपहरी है, हुआ करे!
इतनी-भर ही कोई दुआ करे—
बचे रहें पुस्तकालय।
गर्मी विकट हो तो पुस्तकालय ही तपोवन हैं—
चैन से जरा ऊँघ पाने की
सबसे सुरक्षित और ठंडी और शान्त जगह!
सबसे पहले एंट्री लेते हैं पुस्तकालयों में
'वृद्ध गोरियो' और 'किंग लियर'—
गैलिस की पतलून, ढीले पैतावे पहनकर,
कम-से-कम यहाँ कोई उनको नहीं मारेगा ताना,
यह सोचते ही शिथिल होने लगती हैं
उनकी वे सदियों से तनी हुई मांसपेशियाँ,
कुर्सी पर बैठते ही कचकचा जाती हैं हड्डियाँ!
दु:खों की शरशय्या से उठकर
भीष्म पितामह भी चले आते हैं अक्सर।
संत विदुर साग-बाग लिए-दिए आते हैं,
तीन पेज पढ़ते ही थक जाते हैं
मन बदलने को दो-तीन कौर खाते हैं
और देर तक माँजते हैं टिफिन बॉक्स
टॉयलेट की सिंक पर!
माँजते हुए सोचते हैं वे—
"पुस्तकालय की किताबों पर

लाल-पीली पेंसिलों से
अजब नोट लिख-लिखकर
किसके लिए छोड़ जाते हैं लोग?
क्या यह एक प्रेमपत्र होता है उनका
आनेवाली पीढ़ियों के लिए?
इतिहास हरदम भविष्य-सजग रहता है—
सचमुच क्या?
सचमुच क्या निजता निजेतर के घर आती-जाती है?
रोमांस है जीवन
अज्ञात को ही निवेदित!
कहती हैं चिह्नित किताबें!
इसका मतलब अपना जीवन
एकदम तो व्यर्थ नहीं ही गया!
कितनी बड़ी बात है
बचे हुए हैं पुस्तकालय
और एक साझा स्पेस बचा है
कटी-फटी, बँटी-छँटी धरती पर!
इस सोच पर वे मुस्काते हैं
और कमर सीधी कर
वापस अपनी सीट पर आते हैं,
बहुत देर में चुनते हैं अपने लायक
मोटे हर्फ़ों वाली पतली किताब!
उत्साह से पढ़ते हैं पृष्ठ दो-चार!
देखते हैं पढ़कर—
ठीक बैठा कि नहीं बैठा चश्मे का नम्बर!
वे जिनके बारे में पढ़ते हैं—
वो ही हो जाते हैं अक्सर—
बारी-बारी से अशोक, बुद्ध, अकबर,
कैनेडी, नेहरू, ग़ालिब, मीर, जाँ निसार अख्तर!
इधर-उधर टहल रहे युवक-युवतियों में देर तलक वे ढूँढ़ते हैं
मधुबाला, नरगिस या नूतन की चाल-ढाल,

दिलीप, राज, देवानन्द वग़ैरह के तेवर!
और फिर थककर सो जाते हैं कुर्सी पर!
सपनों में भी काँप जाते हैं
दूध और राशन और इधर-उधर की क्युओं की सोचकर!
दुनिया की प्राचीनतम पांडुलिपियों से
झर-झर-झर झड़ती है धूल
कुर्सी पर मुँह खोल सोए इन वृद्धजनों पर
और दूर से तो ये ख़ुद ही नज़र आते हैं
प्राचीन भोजपत्र!
क्या कोई राहुल सांकृत्यायन आएगा
और जिह्वाग्र पर इन्हें लेता जाएगा
तिब्बत की सीमा के पार?

आसिफ़ा

ये गिद्ध मँडरा रहे हैं जो
छत पर तुम्हारी—
चीख़ें है आसिफ़ा की,
मुफ़लिस की चीख़ें और मासूम आहें
इसी तरह से लौट आती हैं
गिद्ध चाल से उड़तीं!
तुम हँसते हो कि निकल आए पर चींटी के,
पर देखो कि कैसे रूप बदलकर लौट आती हैं
पचपन अवतारों में चीख़ें!
ये गिद्ध मँडरा रहे हैं जो सर पर तुम्हारे—
चीख़ें हैं आसिफ़ा की—
आसिफ़ा आठ बरस की बच्ची—
उस तुम्हारी अपनी बच्ची-सी
जो दौड़कर सबसे पहले आ जाती है
दरवाज़े पर
आहटें भाँपकर तुम्हारी।
पूरा लपेट भी नहीं पाते
अपने बाबा की कमर
नन्ही-नन्ही चूड़ियों वाले दो बाजू!
बात-बात पर रूठकर वो छुप जाती है
उसी खाट के नीचे
जहाँ से उसे सिर्फ़ तुम ही निकालते हो

उड़नखटोले उड़ाते
कहानियों-क़िस्सों के!
जल्दी ही हँस देती है फिर वह!
आसिफ़ा भी हँसती थी ऐसे!
हँसती तो झड़ते थे फूल
अमलतास, चम्पा के।
अब इसके आगे ये मत जोड़ना कि रोती तो
झड़ जाते मोती
क्योंकि वह रोती नहीं थी कभी!
वर्णमाला दुखों की
उसने अभी तक नहीं सीखी थी,
उसको फ़ुर्सत ही कहाँ थी!
फागुनी बयार की तरह नाचती फिरती
वह वादियों में
बछियों, बकरियों के,
खच्चरों-घोड़ों के पीछे,
वे ही तो थे उसके बचपन के साथी!
जो भेड़िए उसको उठा ले गए :
उनका बड़ा एक मन्दिर भी था!
मन्दिर में ही उन्होंने क़ैद रखा उसे!
उन भेड़ियों के चरवाहे तो तुम ही थे,
हमारे बड़े हाकिम!
आसिफ़ा ने तो पोसे थे कुछ भोले मवेशी,
हाँ, कुछ भरम भी पाले थे!
सोचती थी दूर खड़ी-खड़ी
कि वह जो बस्ती है हाकिमों की :
बन्दर, उल्लू, गाय, मोर, साँप, चूहा—
सबका जो करती है सिजदा—
उसका दिल कितना बड़ा होगा!
पर दाँत हाथियों के
खाने के और

दिखाने के और ही निकले!
जब आदम भेड़ियों ने
आसिफ़ा के सौ टुकड़े किए :
क्या हनुमत बाबा की पूँछ हिली होगी?
क्या फिर से ढाही जाएगी
यह लंका
सोने की?
गिद्ध जो मँडरा रहे हैं छत पर तुम्हारी,
उसके मूलाधार से उठी चीख़ें हैं
ब्रह्मांड चीरती हुईं!

कुहासा

हाथ को हाथ नहीं सूझता—
इतना घना है कुहासा!
ऐसी विकट ठंड है!
थरथरा रही है निकलने में रोशनी
ट्रैफ़िक सिग्नल के उन बल्बों के बाहर!
लेकिन खुली देह में एक बच्ची,
बेच रही बीच सड़क भुने हुए भुट्टे!
लाल बत्ती पर खड़ी गाड़ी के
शीशे पर टिकी हुई
उसकी उस नाक-सी
अकेली और ठंडी
इस ज़िन्दगी का करे कोई क्या?
जो भी निवारण है,
हल्का है और तात्कालिक!
जेबों में, वैनिटी पर्सों में
लम्बी उँगलियाँ घुमाते हुए
कुछ लोग ढूँढ़ रहे हैं छोटे चिल्लर,
पर उससे क्या और कब तक?
चाहती हूँ, उसे हँसाऊँ,
चाँद के खटोले पर उसको लिटाकर
कहानियाँ सुनाऊँ!
उसका दिल निकला था
गहरे समुन्दर से

समुद्र-मंथन के चौदह कल्पों के अनन्तर!
आलोड़नों का रहस्य जानती है वह—
पुरवैया की है आदि सखा!
फिर भी देखो तो यह उसका ठहराव—
देख रही है सीधे आँखों में मेरी,
मेरी आँखें झुक रही हैं
और साँसें रुक रही हैं
कि क्या दूँ जवाब!
कुछ नहीं बचा मेरे पास!
फेफड़े भी जैसे ख़ाली हैं—
कुछ नहीं बचा उनमें—
टूटे सितारों की झक्की झिलमिल के सिवा!
एकदम ही सामने मेरे
पूरा मुँह खोलकर खड़े
उसके फटे जूते का वह भोलापन
चाक कर रहा है कलेजा!
खुल गई ट्रैफ़िक लाइट
पर यह क्या हुआ?
वह जूता साथ चला आया!
गुड़ी-मुड़ी हो सो गया दिल में!
सुबह-सुबह बच्चों को स्कूल छोड़ा,
फ़ुर्सत मिली तो लगा,
हाल-चाल तो ले लूँ!
धीरे-से भीतर झाँकी तो क्या देखा—
स्कूली बच्चों की चहल-पहल
और उदास एक आकाश
मिल-जुलकर बना गए
मेरे हृदय को भी
बिना माप का जूता,
पाँव ही नहीं अँटता इसमें किसी का

कहीं वह बड़ा है, कहीं छोटा!
घिसट रहा है यों ही सड़कों पर,
भुट्टेवाली बच्ची के पीछे—
वो ही तो है उसकी सिंड्रेला!

नाख़ून

“मेरा अकेलापन
मेरे नाख़ून की तरह
बढ़ रहा है”,
उसने धीरे से कहा!
मैंने उसे ग़ौर से देखा,
उसकी आँखें हँस रही थीं!
ख़ुद से चुटकी लेने की हिम्मत
दमक रही थी उसकी आँखों में।
चुटकी का उत्तर तो
        चुटकी ही होता है
                स्त्री-भाषा में,
सो मैं बोली मुस्कुराकर,
“जो अपने बेडौल नाख़ून
जाँचने की हिम्मत रखती हैं,
वे जल्द ही उन्हें तराशना भी
सीख लेती हैं!
सीख लेती हैं रहना चौकस
कि मैल बैठे नहीं
नाख़ूनों के गस्सों में!
इतने नुकीले तो हों उनके नाख़ून
कि काट सकें फूलदार क्यारियाँ
कच्चे मैदे पर
        गुझिया के किनारे-किनारे!

और अगर कभी गाँठ पड़ जाए
मन में या जारबन्द में
तो नोक नाख़ून की
भिड़ा
खोल लें गाँठें!
झुग्गी के बच्चों के
उलझे बालों से
चमकुल चुन लें और जुएँ,
इतने पैने तो
होने ही चाहिए नाख़ून
या इतने पैने
कि अन्यायियों का मुँह
नोच सकने की वकत रखें!
हिम्मत रखें नोचने की
पर नोचें नहीं
पितपिताकर
हरेक बात पर!
सन्तुलन ही तो है बीजशब्द
सौन्दर्य का,
जानती हैं वे,
तब ही तो अतिरेकों से
बाज आती हैं
और मज़े में इन नाख़ूनों से
लेपती हुई धागे पर मंझा
छत पर कनकौए उड़ाती हैं—
'वोकाटा!'
काटती भी हैं तो कभी दुश्मनी से नहीं,
केवल खेल-खेल में
हँसकर!

कायाकल्प

मैं कच्चे खेतों की नींद
सोना चाहती हूँ!
चाहती हूँ अपने कीचड़ में
सब छोटे पशुओं को
लिपटाकर सो जाऊँ
जिनके बारे में
कहती थी दादी
कि उनकी आत्मा नहीं होती,
होते हैं केवल स्पन्दित आकार—
जीव जो आँख बिना खोले ही
करते हैं प्यार!
वैसे, बड़े जानवर भी चलेंगे मुझे!
क्या मुझको अपनी टोली में ये
कर लेंगे शामिल?
चाहती हूँ होना उल्लू
जो ज्ञानी नहीं,
घोड़ा जो कर सकता है
घास से दोस्ती!
बस एक भीगी बिल्ली मुझको
आगे नहीं बनना!
इतनी मैं भीग चुकी हूँ
कि अब पोर-पोर
अस-फस है मेरा!

मैं कच्चे खेतों की नींद
सोना चाहती हूँ;
बाँबी की मिट्टी पर
एक बड़े बरगद के नीचे!

सृष्टि

सृष्टि की पहली सुबह थी वह!
कहा गया मुझसे
तू उजियारा है धरती का
और छीन लिया गया मेरा सूरज!
कहा गया मुझसे
तू बुलबुल है इस बाग़ का
और झपट लिया गया मेरा आकाश!
कहा गया मुझसे
तू पानी है सृष्टि की आँखों का
और मुझे ब्याहा गया रेत से,
सुखा दिया गया मेरा सागर!
कहा गया मुझसे
तू बिम्ब है सबसे सुन्दर
और तोड़ दिया गया मेरा दर्पण।

बाबा कबीर की कविता की माटी की तरह नहीं,
पेपर मैशी की लुगदी की तरह
मुझे 'रूँदा' गया,
किसी-किसी तरह मैं उठी,
प्रतिमा बनी मेरी,
कोई था जिसने दर्पण की किरचियाँ उठाईं
और रोम-रोम में प्रतिमा के जड़ दीं!
एक ब्रह्मांड ही परावर्तित था

रोम-रोम में अब तो!
जो सूरज छीन लिया था मुझसे
दौड़ता हुआ आ गया वापस
और हपस कर मेरे अंग लग गया!
आकाश ख़ुद एक पंछी-सा
मेरे कन्धे पर उतर आया।

वक़्त का समुन्दर मेरे पाँव पर बिछा,
धुल गया अब युगों का कीचड़!
अब मैं व्यवस्थित थी!
पूरी यह कायनात ही मेरा घर थी अब!
अपने दस हाथों से
करने लगी काम घर के और बाहर के!
एक घरेलू दुर्गा
भाले पर झाड़न लपेट लिया मैंने
और लगी धूल झाड़ने
क़ायदों की, वायदों की, रस्मों की, मिथकों की,
इतिहास की मेज भी झाड़ी!
महिषासुर के मैंने काट दिए नाख़ून,
नहलाकर भेज दिया दफ़्तर!
एक नई सृष्टि अब
मचल रही थी मेरे भीतर!

कुछ तो

कुछ तो हो!
कोई पत्ता तो कहीं डोले
कोई तो बात होनी चाहिए ज़िन्दगी में अब
बोलने में समझने-जैसी कोई बात,
चलने में पहुँचने-जैसी
करने में हो जाने-जैसी कोई तरंग!

या मौला, क्या हो रहा है यह
ओठ चल रहे हैं लगातार,
शब्द से अर्थ खेलते हैं कुट्टी-कुट्टी
बात कहीं पहुँच नहीं पाती!

जो देखो, वो है सवार
कोई किसी के कन्धे पर
कोई ऐन आपके ही सिर!
सब हैं सवार
सब जा रहे हैं कहीं-न-कहीं
कहीं बिना पहुँचे हुए!

जैसे कि ज़ार निकोलाई ने
ज़ारी किया हो फ़रमान,

"जो भी किसान जुटा नहीं पाए लगान
जाएँ वहाँ न जाने कहाँ
लाएँ उसे न जाने किसे"

क्या लाने निकले थे घर से, हम भूल गए
कुट्टी-कुट्टी खेलते-से मिले हमको
मिट्टी से पेटेंटिड बीज।
वहीं कहीं मिट्टी में
मिट्टी-मिट्टी-से हुए सब अरमान

गोदान के पहले होरियों ने
कर दिया आत्मदान,
आत्महत्या एक हत्या ही थी
धारावाहिक!
सुदूर पश्चिम से चल रहे हैं अगिनबाण :
ईश्वर-से अदृश्य।
हर जगह है ट्रैफ़िक जैम,
सड़कों से टूट गया है
अपने सारे ठिकानों का वास्ता।

सदियों से बिलकुल ख़राब पड़े
घर के बुज़ुर्ग लैंडलाइन की तरह
हम भी दे देते हैं ग़लत-सलत सिग्नल!

कोई भी नम्बर लगाए
कहीं दूर से
तो आते हैं हमसे
सर्वदा ही व्यस्त होने के
कातर और झूठे सन्देशे!

काहे की व्यस्तता!
कुछ तो नहीं होता

पर रिसीवर ऑफ़ हो
या कि टूट गया हो निजी कनेक्शन
सार्वजानिक बक्से से
तो ऐसा होता है, है न—
लगातार आते हैं व्यस्त होने के ग़लत सिग्नल!

कुछ तो हो!
कोई पत्ता तो कहीं डोले!
कोई तो बात होनी चाहिए ज़िन्दगी में अब!
बोलने में समझने-जैसे कोई बात!
चलने में पहुँचने-जैसी
करने में कुछ हो जाने-जैसी तरंग!

खुसरो की दरगाह

खुसरो के ही मज़ार के बाहर
बैठी हैं विस्थापन-बस्ती की कुछ औरतें सटकर!
भीतर प्रवेश नहीं जिनका किसी भी निज़ाम में—
एका ही होता है उनका जिरह-बख़्तर।
हयात-ए-तय्याब, हयात-ए-हुक्मी!

दिल्ली की गलियों की
बूढ़ी कुँवारियाँ,
विधवाएँ, युद्ध और दंगों के भेड़िया-मुखों की
अधखाई, आधी लथेड़ी
ये औरतें

बैठी हुई हैं वे खुसरो की दरगाह के बाहर
जिनसे सीखी खुसरो ने
अपनी मुकरियों की भाषा।
घरेलू बिम्बों से भरी हुई
अन्तरंग बातचीत की भाषा में ही
लिखी जा सकती हैं कविताएँ ऐसी
जो सीधी दिल में उतर आएँ
—सीखी थी खुसरो ने यह भाषा
दिल्ली की गलियों में इन्हीं औरतों से।

नया वर्ष-1

नया वर्ष! होटल से बस्ती में आया है
बचा हुआ खाना,
आज आई है तो कल भी आएगी रसद।
जाते-जाते भी रह जाते हैं
जीवन में मीठे मुग़ालते,
मातमपुर्सी में घर आए
दूर के उन रिश्तेदारों की तरह
कोई बहाना ले ठहर ही जाते हैं जो
श्राद्ध के बाद कई हफ़्ते!

अपने घर भले नहीं हो कोई उनका पूछनहार लेकिन
औरों के भारी दिनों में
हफ़्तों तक छितनी में पड़े रहे नीबू-सा
अपना पूरा वजूद ही निचोड़कर
वे वारना चाहते हैं
प्यास से पपड़िआए होंठों पर!

नया वर्ष-2

उतर गया बासी कैलेंडर।
जहाँ टँगा था, उस कच्ची दीवार पर
एक चौकोर-सा चकत्ता बचा है।
एक रुपहले फ्रेम में जो उजाड़ टाँगती हूँ वहाँ,
किसी समय वो मेरा घर था।

पिछले बरस भाई उधर गया तो अपने मोबाइल पर खींच लाया उजाड़।
फत्तन खाँ, इलेक्ट्रिशयन इसके पिछवाड़े
छोड़ गए थे बाँस की सीढ़ी—
एक मज़बूत लतर हहा-हहाकर
बढ़ गई इस पर
और अनन्त तक गई!
कोहड़े के फूलों-सी
इधर-उधर चटकी फिर
जाड़े की धूप!

कपड़े की बाल्टी लिये दुल्हन भौजी
बिल्ली-पाँवों से चढ़ा करती थी जिस पर—
वह बाँस की सीढ़ी थी या उमंगों की?

कानू ओझा की पतंग वहाँ लटकी है अब तक,
बाँस की खपच्ची-भर शेष।

गर्भ में मार दी गई बच्चियाँ
झुंड बाँधकर खेलती हैं वहाँ,
एक इन्तज़ार जो जितार* अभी माटी में
यों ही जितार रहेगा पीढ़ी-दर-पीढ़ी
उचक-उचक देखते हुए रास्ता,
समतल हुए जाते हैं टीले
और अनाम हौसले बाँस की सीढ़ी!

* जीवंत।

इंटरव्यू

बीच में मेरे और उनके
एक मेज़ है गोल शीशे की!
उस शीशे में मेरी फटी कुहनियाँ,
बावन हिस्सों में चकनाचूर परछाइयाँ
डगमगा रही हैं!
बार-बार मेरी नज़रें झुक जाती हैं,
टिक जाती हैं चप्पल पर!
कोल्हापुरी चप्पलें
कमलानगर से ख़रीदी थीं—
चप्पल पर कीचड़ है—
महाचकाचक फ़र्श का वो मज़ा
किरकिरा कर रहा है :
स्वभाव से किरकिरा,
प्यारा पर ज़रा सिरफिरा
यह कीचड़
मुँह पर पुत जाएगा
यदि नौकरी न मिली
बारहवें इंटरव्यू के बाद भी।
इंटरव्यू—बाबा रे,
        मेरी अन्तर्वीक्षा!
वो जो बैठी है न—
देवसभा—
मेज के दूसरी तरफ़—

क्या इसमें धीरज है
मेरे भीतर झाँकने का?
कैसे मैं कर लूँ विश्वास—
ये अच्छे अन्वेषक हैं,
        पुरातत्त्ववेत्ता
                जो बोर्ड-मेम्बर को होना ही चाहिए!
मुझको नहीं लगता,
        मेरा ख़ज़ाना ये
धीरे-धीरे कोड़कर बाहर ला पाएँगे,
उद्घाटित कर पाएँगे
        मुझमें छिपी हुई
        आठ सिद्धियाँ और नौ निधियाँ!
मुझको तो चाय भी नहीं पूछी!
आराम से चाय पिए जा रहे हैं
अकेले-अकेले
मुझसे बिना पूछे
        कि तुम पियोगी क्या,
        लो, इतना थरथरा रही हो
        तो एक घूँट पी ही लो!
मुझको नहीं लगता
कि ये सब मुझसे मिलेंगे
जैसे मिलना चाहिए
आदमी को आदमी से,
या बकौल पोरस,
राजा को राजा से!
काजू खाते-खाते,
ये मुझको जाँच रहे हैं,
जाँच रहे हैं मुँह पर
ऐसी हिकारत लिये जैसे
बन्दर जाँचा करते हैं नारियल—
दूर उठाकर फेंक देने के पहले!

रीतिकाव्य पढ़ते हुए

बेचारे रीतिबद्ध!
तलवार की नोंक के नीचे रहते हुए
इतनी छीना-झपटी, मार-काट देखी
कि होना ही था उनको क्षणजीवी,
आगे की गारंटी भी क्या थी!
रजवाड़ों की अफरा-तफरी
बिम्बों में घर कर गई।
मुग्धा का सौन्दर्य बाँचते हुए भी
राजाओं की धींगामुश्ती
साफ़ नज़र आती है—
"हृदयदेश पर कामदेव का
राज्याभिषेक हुआ,
अंग-प्रत्यंग नहीं फूले समाए,
छीना-छपटी मच गई अंगों में!
कटि की पृथुलता
नितम्बों ने छीनी
और उदर के हाथ आई
मन्दता स्तनों की,
नाभिदेश की रोमावली ने
दौड़ मचाकर ले लिया
नयनों का सीधापन
और वे बंकिम हुईं"
बाबा बिहारी,

शुरुआत मिनिएचर पेंटिंग की
दीखती है इन्हीं दोहों में,
पर भाष्य इनका करते हुए मैं तो
भरती हूँ गहरी उसाँस कि बला छूटी :
कितना अच्छा है कि
इक्कीसवीं सदी में
पैदा हुई मेरी बेटी,
दसवीं में पढ़ती है
है मुग्धा की उम्र की लेकिन
प्रेमापराधों पर आहत,
बंकिम विलास-भरी चितवन में कीलित
मध्यकाल की मुग्धाओं वाली ज़िन्दगी
उसे नहीं जीनी होगी
इस नन्ही-सी उम्र से ही।

परकीया

रीतिकाल की कविता में
बच्चों की इतनी ही चर्चा है
कि वे पैदा हुए।
पालने में उनको सुला-फुलाकर
परकीयाएँ चलीं
आदर्श प्रेम के अनन्त की तलाश में!
एक दोहे में बिहारी ही
कहते हैं कि बच्चा पैदा हुआ,
पिता ज्योतिषी था,
कुंडली बनाई बेटे की तो
पितृघातक योग देखकर डरा,
पर दूसरा योग 'जारज' जो दीखा
तो मनमोदक लूटता
सोचने लगा कि मरेगा रक़ीब।
परकीया के बच्चे
कभी तो बड़े होते होंगे ही,
पचपन प्रवाद घेरते होंगे उनको,
क्या पूछते होंगे माँ से वे,
माँएँ क्या कहती होंगी उनसे—
सोचती हुई दंग हूँ,
तंग हूँ
ये भी पढ़कर कि
"एक धूर्त नायक ने

जब एक आसन पर बैठी
अपनी दोनों प्रेमिकाओं को देखा
तो आँख-मिचौली भाव से
एक की आँख मूँद दी
और गर्दन घुमाकर
दूसरी का मुँह फट चूम लिया।"
धूर्त ही सही, लेकिन
नायक कहलाया ये बन्दा।
पर सोचो क्या होता—
विलोम इसका अगर सत्य होता,
यानी कि आँख मूँदकर एक का
दूसरे का मुख
चूमती हुई
कोई औरत केन्द्र पर होती?
औरत जो करती यही
तो 'नायिका' के आसन से गिरकर
निश्चय ही 'पुंश्चली' कहलाती!
परकीयाएँ भी चित्रित होती हैं
एक ही पतिक्रम सँभाले!
सोचती हूँ ये भी—
इतनी असुरक्षा और घचर-पचर
झेलने को तैयार
जो भी औरत होती होगी—
निश्चय ही धुर बचपन में वह किसी
नीरस, सपाट, क्रूर, बकलोल से ब्याही जाकर
रोज़-रोज़ की किचकिच से थक गई होगी।
'साहित्य दर्पण' में कहती है परकीया—
"ओ चतुर चितचोर!
बात नहीं बनती अब
चितवनों से तुम्हारी,
अब मेरी साँसों की आवाज़ पर ही
मेरे बच्चों का मरखंड पिता

जाता है खीज!
सौतें मन की बातें झट सूँघ लेती हैं
सास इशारे ताड़ लेती है,
और देवरानी-जेठानी भी अब तो
आपस में मुस्का देती हैं मुझे देखकर।
हाथ जोड़ती हूँ, 'घर आना मत!'
समझ में नहीं आता सहसा
परकीया को चिन्ता
लोकलाज की है, निराश्रय हो जाने की
या अपने प्रियतम के
आसन्न अपमान की!
स्वाधीनभतृका, खंडिता,
मानवती, अभिसारिका,
कलहांतरिता, विप्रलब्धा,
प्रोषितभतृका, वाकसज्जा
या विरहोत्कंठिता—
किसी कोटि की हो परकीया,
उस पर तो उमड़ती है करुणा ही!
अपने पतियों से प्रताड़ित
प्रप्रप्रपितामहियो-मातामहियो—
परकीया बनने की
जब ठान ली होगी तुमने—
मुहमित,
मोहाचित, हसित-चकित
बच्चों-सी
संशयथकित तुम
क्या सोचती होगी
तकिए में मुँह गाड़कर
अपने बारे में!

दूध की लाज

हिन्दी के कुछ मुहावरे मुझको बहुत तंग करते हैं
जैसे कि दूध की लाज!
जब मैं कुछ मनमानी करने की ठानती हूँ,
एक गुरिल्ला दस्ता मुझे घेर लेता है
सुभाषितों, कहावतों का!
उनसे किसी तरह पीछा छुड़ाओ
तो कंठ पर सवार हो जाते हैं
कबीर की साखियाँ और रहीम के दोहे!
सबसे ज़्यादा मुझको नज़रबन्द रखते हैं लेकिन
हिन्दी के मुहावरे!
    'दूध की लाज'—अरे बाबा!
    मुझ-जैसों की मुश्किलें आप समझ ही नहीं सकते।
रखने पे आऊँ तो बहुतेरी भाषाओं के दूध की लाज
रखनी होगी मुझको!
मातृभाषा तो पिलाती ही थीं
मुझे मुहल्ले की भाषाएँ भी
दूध पिला देती थीं जब-तब
जब माँ कहीं और काम में फँसी हो और
मैं किसी आदि स्वप्न की गोद से गिरकर
जाग जाऊँ अचानक, सुबकती हुई!
एक मातृभाषा है,
पचपन मौसी-मामी-चाची भाषाएँ हैं मेरी
और सबके दूध का क़र्ज़ है मुझ पर!

सबसे ज़्यादा तो उर्दू का
जो मेरी माँ की है जुड़वाँ बहन—
दोनों ही छावनियों में जनमी थीं
सारे मुहल्ले की थीं मुँहलगी!
बाग़ी थीं दोनों सदा से
और घर की सबसे छोटी बेटी होने के चलते
सबकी सदा मुँहलगी!
ऊँच-नीच नहीं मानतीं—
एक ही चटाई पर बितातीं
तत्सम-तद्भव और देश-विदेश को!
अलग-अलग कोटरों से
गिलहरियों की लय में बढ़ते चले आए
शब्दों से खेला करतीं दिन-भर, मिल-जुलकर!
कभी-कभी आपस में लड़ती भी,
पर फिर गले मिलकर सो जातीं
ऐसे कि एक के गाल पर ढलक आते मोती
दूसरे की आँखों से!
एक के बिना काम चलता नहीं दूसरे का!
दूध की लाज अगर रखनी हो तो
ब्रजभाषा-अवधी और छत्तीसगढ़ी,
बज्जिका-मैथिली-अंगिका-मगही-भोजपुरी
कुमाउँनी-गढ़वाली-जैसी पचपन मिष्टीमुख
भाषाओं की भी
रखनी होगी मुझे लाज
क्योंकि मेरे ख़ून में धार सबकी है
भाषाएँ, नदियाँ और औरतें
बहती हैं सदा ही गले मिलके,
जानती हैं निभाना रिश्ते—
दूध के हों, रूह के या लहू के!

'ध' से 'धरम', 'धमाका'

1. धैर्य की परीक्षा

क्या आपने कभी किसी परीक्षार्थी को
चोरी करते देखा है—
बाथरूम की खिड़की से झाँककर
पकड़ी है चोरी किसी की?

× × ×

बार-बार लगती है हाजत उसे।
"पाँच मिनट, मैडम, बस पाँच मिनट"—
पाँच मिनट की भीख माँगता हुआ
भागता है बाहर और बाथरूम की सिटकिनी चढ़ाकर ज़रा साँस भरता है।
रात-भर जगके जो गोदने गोदे थे उसने
अपने शरीर पर—
घबराहट में उनको पढ़ भी नहीं पाता!
धस्स बैठ जाता है फिर वह ज़मीन पर—
पचपन मोटे ग्रंथ, नोट और
बुरी तरह सम्पादित कुछ कुंजियाँ
खोल देता है वो चारों तरफ़
और जल्दी-जल्दी ढूँढ़ने लगता है उनमें
कुछ महाप्रश्नों के उत्तर!
वो परीक्षार्थी मैं ही हूँ—
धर्म ले रहा अब मेरे धैर्य की परीक्षा

इतनी मारा-मारी, इतनी तितिक्षा—
यह धर्म है आख़िर किस धर्म का?

2. धर्म की कहानी

धर्म की कहानी
उन औरतों की कहानी है, दोस्तो—
जो कहीं जाना चाहती थीं।
उनकी झोली में कुछ महाप्रश्न थे,
वे उनके उत्तर पाना चाहती थीं।
सामने दो रस्ते थे—धर्म के, अधर्म के!
अधर्म की राह हरी-भरी थी,
और उतनी ही लुभावनी-सुहावनी-मनभावनी
थीं दास्तानें परकीया-प्रेम की
जो उनके हमदर्द उनको सुनाते
        जब भी वे घर के, गली के और
        संसद के मरखंड ईश्वरों की लथेड़ी हुईं
        करने लगतीं ख़ून की उल्टियाँ
        किसी लाइब्रेरी के पीछे!

× × ×

        उससे भी पहले कभी धर्म एक आदिम गुफा था!
इस गुफा की दीवारों पर
गेरू से चित्र आँकने वाली औरतें थीं!
अब भी वे अहिवात लिखती हैं दीवारों पर धर्म का
और देव जनती हैं कोखों से अपनी!
तैंतीस करोड़ देवताओं के इस देश में
देवताओं की भी आबादी
लगातार बढ़ ही रही है,
जैसे-जैसे बढ़ रही है असुरक्षा,
काँप रही हैं सब माताएँ—

जो घर से रूठकर—
        छनककर गए,
शाम तलक घर लौट आएँ—
आठों अंगों से सलामत तो
देव वे मनाएँ।
हफ़्ते में पाँच दिन निराहार
ईनो की पुड़िया पर
टालती हुईं तमाम पेटदर्द,
शनि मन्दिर की लम्बी क्यू में
रहती हैं वे खड़ी हुई
जिन्होंने इंटर तक की पढ़ाई मनोयोग से की,
दो-तीन अंकों से ही जिनकी छूटी प्रथम श्रेणी
और फिर कॉलेज का रास्ता
'ओपेन लर्निंग' की तरफ़ मुड़ता-मुड़ता
एक ठस गृहस्थी की ओर मुड़ गया!
कुछ दिन उन्होंने सुग्गे पाले, फिर बच्चे,
फिर अपनी कल्पना का एक बबुआ बनाया,
नाम दिया 'ईश्वर' और उससे ही 'जोई-सोई-कछु' बतियाती
काटने लगीं ज़िन्दगी जैसे कि,
लोकगीत में कटता था 'वर' के लिए ताड़ का 'खाजा'—
"तार काट—तरकुन काट,
काट बर के खाजा,
राजा के रजैया,
भैया के दुपट्टा!"
कभी-कभी भैया को लिखतीं धारावाहिक चिट्ठियाँ—
"भाई, तुम कैसे हो?
कैसा है बड़े पलंग का तोशक
जिस पर हम जन्मे थे एक-एककर?
(मोनकिया माई ने घर पर ही
माँ की कराई प्रसूति)
पिछले बरस देखा—बैठ गई है रुई,
पहले जो उत्फुल्ल रहती थी इतनी कि

किसी हॉलडॉल में समाती नहीं थी!
सम्बन्ध भी तोशक की रुई हैं शायद,
धीरे-धीरे बैठ जाती है उनकी वह उत्फुल्लता
एक ठोस चीकट बन!
सिद्धहस्त माँ ने बुना था।
हमारा जो जीवन,
अभी तक सलाई पर टँगा है—
हरा ऊन बचपन में ही चुक गया,
बचा रहा एक भूरा-भूरा सिलसिला
पतझड़ के उत्तरार्द्ध के रंग का,
उल्टे-सीधे फंदों में फँसा!"
आधे पर ही वे क़लम छोड़ देती हैं,
सोचता है उनका ख़ून खखारता हुआ—
क्या यह उचित वक़्त है ऐसी बातों का?

जॉन कीट्स के लिए

जॉन कीट्स, तुम ही हो हमारे लिए 'ओड टु ऑटम',
धुंधमग्न, परिपक्व, फलित वैभवों का वो मौसम!
अधेड़ सूरज के हो दोस्त जिगरी,
करते हो उससे ही राय मशविरे
कि कैसे दामन भरा जाए
बाड़ों से लिपटी उन अंगूर-बेलों का
रस से मताए फलों से
और झुकाया कैसे जाए
बागों के काई-सने पेड़ों को
सेबों के मधुर भार से,
रस से लबालब किया कैसे जाए
दुनिया के सारे फलों का अन्त:स्थल
और फुलाकर कुप्पा कैसे किया जाए
कद्दुओं को और हेजेल नटों को,
गुलियाया कैसे जाए उनको
मीठी मांसलता से!
कैसे चटकाए चला जाए देर से खिले फूलों को
मधुमक्खियों के लिए, जब तक कि वे आश्वस्त नहीं होतीं
कि दिन अब ढलेंगे नहीं गर्मियों के,
छत्तों का रोम-रोम भरा रहेगा रस से!
बखरे की ओर से गुज़रते हुए
लोगों ने देखा तो होगा तुम्हें अक्सर
मस्ती में धरती पर पसरे—

भूसे उड़ाती हवा हौले से बिखरा देती है
केश जो तुम्हारे,
तुम नींद में मार लेते हो घुल्टनिया कभी-कभी
उन पॉपी फूलों की गंध से मताकर
रख देते हो हँसिया एक तरफ़,
हँसिए की अगली खचाक से उबरकर
रह जाते हैं आधे फूल
        गले-गले लिपटे हुए!
कभी-कभी तुम पार पतली नदी के
दीखते हो देखते स्थिर आँखों से
रस की मशीनों को
कि अन्तिम बूँद तलक निचुड़े कि नहीं सेब सारे।
उन अधकटी फ़सलों पर जब उतर आता है
रंग जोगिया-सा
और हवा के साथ ही उठती-गिरती हैं
समवेत वे स्वर-लहरियाँ
कीट-पतंग, पक्षियों की,
इन रुदालियों के स्वर में अपना
        नन्हा आरोह मिला देते हैं मेमने!
        पतझड़ का है यह संगीत—
        वसन्त से अलग!
पतझड़ की परिपक्वता से
होना कुछ ऐसे लबालब
छब्बीस की उम्र में तो आसान नहीं,
और आसान नहीं
बिस्तर पर लेटे-लेटे ही संसार घूम आना,
तुम घूमे क्योंकि टीबी से जकड़ी छाती तुम्हारी
मालिक थी ऐसे दिल की
जानता था जो—
घर बैठे मिलेगी नहीं,
घरघुस्सू नहीं है ख़ुशी—
कल्पना की तुमने छोड़ दी लगाम

कि भटके इधर-उधर राह टोहती—

'Ever let the fancy roam,
Pleasure never is at home'

आख़िर कहा था यह तुमने ही।
जिस पर निगाह गई, हो तुम जाते थे वही!
कमरे में आई गौरैया, गौरैया हुए,
बाहर बग़ीचे में बोली जो बुलबुल
तो उसके गीतों के पंख पर सवार
मिथकों तक घूम-टहल आए,
ख़ुद अपनी आँखों से देखा

कि बाइबिल वाली रूथ के कानों में भी
बुलबुल के यही गीत गूँजे थे!

अभी-अभी मारे गए पति की अम्मा के
खेतों में खटते हुए
रूथ ने बुलबुल के गीत सुने,
छाती भर आई और वहीं खड़ी होकर
देखने लगी आसमान!
वे गीत बुलबुल के थे
या सागर की लहरों पर दूर से
बहता चला आया जादुई पिटारा?
बुलबुल के गीत का सुरूर तुम्हें
मादक अँधेरों तक लिये गया
जहाँ फूल दीखते नहीं थे,
पहचाने जाते थे एक-दूसरे से अलग
बस गंध से!
इसको ही तुमने
'लेप-सा सुवासित अँधेरा' कहा,
यानी कि 'एम्बाम्ड डार्कनेस'—
जहाँ क़ब्र गढ़ने का मन था तुम्हें!
ऐसा कहा तुमने
दुनिया के रंजोग़म पर लानत भेजते हुए
कि मौत से तुमको इश्क हुआ जाता है,

उसमें ही तुमको सुकून नज़र आता है!
'औड टु पोएंज़ी' में तो ये ही बुलबुल
कवियों का पैग़ाम बन उभरी—
एक साथ दो-दो जीवन जीते हैं जो भी
मृत्यु के बाद—
धरती और आकाश में,
आकाश से धरती पर बुलबुल से अपना पैग़ाम भेजते हुए
आगे आने वाली पीढ़ियों को वे
समझाते हैं—
जीवन कैसे जिया जाए
सारे अतिरेकों से बचते हुए!
'ओड टु मेलंकली' में तुमने समझाया
कि विषाद के क्षण विषाद से नहीं कटते!
घिर आया हो कभी विषाद जो घनेरा,
सौन्दर्य की बाँह गह लो
जैसे कि अगर प्रेयसी रूठ जाए तो बाँह पकड़
झाँकते हो सीधा उसकी आँखों में तुम—
सौन्दर्य की आँखों में झाँको—
वहाँ तुम्हें क्षणभंगुरता का जो
मीठा एहसास मिलेगा—
धीरे-धीरे टिमटिमाता हुआ—
वो ही सही काट होगी विषादमय क्षणों की!
रोते-बिसूरते ये मनहूस कोने नहीं
खिले हुए कोने प्रफुल्ल-यही काटेंगे सारा विषाद
खिले हुए कोने प्रफुल्ल कि जैसे
'ओड टू ग्रेशियन अर्न' में
मीनाकारी वाला राखदान
जिस पर कि प्राचीन यूनान के
जनजीवन की छवियाँ ऐसे उकेरी गई हैं
कि लगता है,
अभी-अभी चल देंगे पाँव
मन्दिर, नदी या पहाड़ की तरफ़

जीवन का उत्सव मनाने,
अभी-अभी हँस देंगी सुन्दरियाँ!
चित्रलिखित इस पुरातन पात्र को ही,
'मिठबोला इतिहासकार' कहा तुमने
'शान्ति की दुल्हन'
और 'मौन की पालिता बेटी'
और कहा यह भी कि
ऐसी कलाकृतियों में ही
सौन्दर्य होता है कालजयी!
हाड़-मांस के पार होकर ही
होती है सुन्दरता चिरंजीवी!
कल्पना ही रूप को
देती है चिरंजीविता सत्य की,
तब ही घटती है परस्परता
सौन्दर्य की, सत्य की—
'Beauty is truth, truth beauty'
जैसे कि आनन्द की कणिका त्रासदियों में भी
मुस्काती है पार सारे विध्वंसों के,
और आत्मा, साइकी,
प्रेम की प्रेयसी—
सो जाती है तन्मय
प्रिय से लिपटकर,
नदी के हरे तट पर
घिरी हुई
शीतल जड़ों, सुरक्षित आँखों वाले
उन फूलों से!
नींद में बेसुध पड़े
प्रेमीयुगल के
दो जोड़ा होठ ज़रा देखो—
सटे नहीं वो आपस में अभी—
लेकिन जल्दी ही मिलेंगे ये अच्छे पड़ोसी!
संकल्प साधा था तुमने—

इसी आत्मा का एक मन्दिर गढ़ोगे
जिस पर किसी ने तवज्जो नहीं दी!

× × ×

मन के सघन वन में
जहाँ कभी पहुँचा नहीं कोई—
(पेड़ों के बीच हहाती फिरती
हवा के सिवा)
तुमने वो मन्दिर गढ़ तो लिया!
आज तलक जब हम
खदेड़े जाते हैं कहीं से,
उसके ओसारे में ही
आश्रय पाते हैं—
बचते हुए ख़राब मौसम से
घुटने पर सर धर कर सो जाते हैं!

पर्सी बेली शेली के लिए

'बुद्धि का देवोपम चेहरा'
तुम जिसको कहते हो—
        दरअसल है चेहरा कल्पना का,
कल्पना जो
प्रारूप रचती है मन ही मन
कोई भी योजना चरितार्थ करने के पहले,
और घटित करने के पहले
कोई भी आन्दोलन,
एक ख़ाका-सा बनाती है चीज़ों का
कलाकृतियों में उतारते हुए,
विज्ञान का हाइपोथीसिस भी वो ही
गढ़ती है सारे प्रयोगों के पहले!
इसको ही कहते थे प्लेटो
सत्य का आकाशी मॉडेल!
एक साँस में तुमने
कितनी उपमाएँ दीं इसे
'फड़फड़ाते पंखों से उड़नेवाली वसंती बयार'
कहा इसको—
फूलों से कनबतिया करने वाली वो वसंती बयार,
'पर्वत के पीछे खिली चाँदनी
तारों के बीच घिरी बदली,
        शाम का ठंडा प्रकाश,
संगीत चित्त में उतरता हुआ

बाँसुरी बज चुकने के बाद!'
'पाहुन तुरत लौटने वाला'—तुमने कहा कल्पना को!
एक झलक ही देखकर कल्पना की
झड़ियाँ लगा देते थे रूपकों की तुम!
हाँ, मैं समझ सकती हूँ—
एक कौंध में ही खुलता है रहस्य सृष्टि का!
प्रेम-घृणा, आशा-निराशा की धुंध से ढँका
सत्य झिलमिलाता है
अतियों के बीच कहीं शायद!
संवदिया कहते थे तुम
सच्ची सहानुभूति का
इसी कल्पना को!

बचपन में तुम आत्माओं के चक्कर में रहते थे,
ढूँढ़ते हुए उनको भग्नावशेषों में और कंदराओं में—
रात के जंगलों में डरते-डरते टप-टुप-टप चलते—

वे तो तुम्हें नहीं मिलीं,
लेकिन अचानक जब कल्पना का साया
तुम पर पड़ा
जबकि सुबह की हवा
जगा रही थी फूलों को,
चौंके तुम और हाथ थाम लिया उसका!
तब से अब तक
एक स्थिर लुनाई-सी
पसरी हुई है फ़िज़ा में,
इसरार करती हुई—

"रूप है उसी का हर शय में,
हर शय को प्यार करो!"

पछिया हवा भी वही है, वही है लिबर्टी!
पछिया हवा जिसको 'पतझड़ की साँस' कहा तुमने
जो कि भगा देती है सूखे पत्ते को
जैसे कि ओझा भगाता है भूत।

रथारूढ़ आती है पछिया
और एकदम से चली जाती है माटी के भीतर
बीजों को नींद से जगाने!
बादलों पर जैसे
उमड़ते चले आते हैं बादल,
रूपकों पर रूपक
मन में तुम्हारे उमड़ते थे।
ख़ुद बादलों को कहा तुमने
पहले तो टूटे हुए पत्ते—
स्वर्ग और समुन्दर की उलझी डालों से झड़े पत्ते,
फिर उनको 'तूफ़ान के उड़ते केश' कहा।
ओझा और रथारूढ़ राजा के बाद बनी पछिया
'बीतते हुए वर्ष का शोकगीत'—
और एक ममतालु छाया भी—
जो कि समुद्रतल तक हो आती है
और वहाँ डूबे महलों को
उसी तरह दुलराती है
जिस तरह वहाँ खिले फूलों को!
लहर और पत्ती और बादल-सी पछिया वो
है दरअसल कल्पना का ही वैभव,
आवेग कल्पना का—
कल्पना जो कि उठाती है काँटों से
पत्तों को
और उड़ाए लिये जाती है
उम्मीद के उस अनन्त तक
जहाँ का गहन शीत वादा है इस बात का
कि वसन्त जल्दी ही आएगा!
× × ×
तुमने कहा पछिया से—
वो बीज-सा बिखरा दे
शब्द ये तुम्हारे
उसी मुक्ति का सपना

दिखाते हुए पूरी धरती को
जिसकी छवि
'ओड टु लिबर्टी' में तुमने गढ़ी—
दिल से दिल तक
और एक मीनार से दूसरी मीनार तक
दमकती चली जाने वाली वो बिजली
जो सोए राष्ट्र जगा देती है,
बहुरंगी गीतों के पंख लगा देती है।
'विकल आत्माओं के चित्त का भँवर' भी
तुगने कहा मुक्ति को!
और कहा ज्वाला अनन्त!
प्राचीन यूनान ने
दर्शन-कला-कविता का एक
महल-सा उठाया था—
मुक्ति तो उसी महल की छत पर
अवतरित हुई थी,
उसके पहले की दुनिया जंगल-राज हुआ करती थी
जीव जीव के दुश्मन थे,
मारकाट मची हुई रहती थी हरदम।
एक जीव का दूसरे जीव से
प्रेम का रिश्ता
जोड़ा इसी मुक्ति ने
जो दरअसल क्षुद्रताओं से मुक्ति थी,
मुक्ति थी अहंमन्यता से,
औरों पर हावी हो जाने की वृत्ति से महामुक्ति!
कुछ सदियाँ बीतीं—
छाया में इसी 'मुक्ति' की
यूनान से इटली तक प्रेम, आह्लाद और आश्चर्य ने डैने फैलाए,
गीत सुनहरे उड़े,
फिर कुछ घटा ऐसा
कि फ्रांस में, जर्मनी में
और इंग्लैंड में

राजतंत्र हावी हुआ तो तुम रूठ गईं, मुक्ति,
लौट गई जंगलों में
भेड़-मुख से पीने
दूध महानता का।
लहरों-पहाड़ों को
मुक्ति-गीत तुमने सिखाए...
लौटी तुम स्पेन में
एक अर्से के बाद!
लौटी जब तुमको गुहारें लगाने लगी जनता,
पक्षधर बनकर तुम लौटीं तब वंचितों तक।
कुछ कुछ ऐसा कहते
शेली, तुम डूबे
अपने भीतर के अनन्त में कहीं,
डूबे गहरे पानियों में
बायरन की कविता
हवा में हिलाते
और ईश्वर से चुटकी लेते—
'अगर तुम कहीं हो
तो बचाकर दिखाओ!'
'इक आग का दरिया है
और डूबके जाना है...' ठीक है मगर
तुमने हमें डूबने न दिया,
हरदम उबार ले गईं हमको पंक्तियाँ तुम्हारी!'
हालाँकि यूनान से भी पुरानी थी
सभ्यता हमारी।
बात पुरानी-नई के घुड़दौड़ की
नहीं है,
कल्पना का काम है ये ही
कि कल्पना जोड़ती है
सभ्यता को सभ्यता से,
भव्यता को भव्यता से!
उससे भी बड़ी बात यह कि वह

चूलें मिला देती है
सब ध्रुवान्तों की
जैसे कि रूपक में
हपस के गले मिलते हैं
दोनों लोक जहाँ—
सब पदानुक्रम ढाह के!

युगान्तर

वे दिन गए
जब ईश्वर एक बबुआ था
शीशे का
जोई-सोई जिससे कुछ भी बतिया लेते थे
दो कामों के फाँक में
धनिया, होरी, गिरमिटिया या कि जुम्मन मियाँ!
और धर्म उन सबका
संबुद्ध बालकपन
प्रतिबिम्बित करता हुआ गाया करता था—
"सर्वमंगल मांगल्ये...!"
औरतें चुमावन में
न्योतती थीं सारा ब्रह्मांड—
एक चटाई पर बिठाती थीं
हाथी और च्यूँटी,
तारों और भुइलों की पाँत,
    युवकों के उत्तप्त माथे पर अँचरा पसारे
    गाया करती थीं मंगलगान—
    'आज मंगल के दिनवा सुभे हो सुभे,
    चिरिया तरैना सुभे हो सुभे!'
वैसे तो औरतों को आज तक किससे बैर भला?
पर बकरे की अम्मा कब तक मनाएगी ख़ैर भला
    अगर धर्म ही बन जाएगा गँड़ासा?

मैं तुमको फ़ोन करूँगी

एक दिन जब सुबह बहुत ख़ुशनुमा होगी,
सर पर नहीं होगी बचे हुए कामों की गठरी,
मैं तुमको फ़ोन करूँगी!
अफरा-तफरी में कैसे कर लूँ—
जब यह मन आसिन का आकाश होगा,
चिड़ियों को दाना-पानी देकर
मैं तुमको फ़ोन करूँगी!
फ़ोन करूँगी जब सर मेरा भन्नाया नहीं होगा
मार-काट की खबरों से।
टुकुर-टुकुर सब देखा करने को
आँखें नहीं होंगी अभिशप्त।
फ़ोन करूँगी जिस दिन
विविध भारती पर बजेगा
बचपन में सुना हुआ शमशाद बेगम का गाना
जो मुझमें हूक उठा देता था
क्या जाने किसके लिए!
इतना खडूस दीखता है मेरा चेहरा,
तुमको सहसा यह विश्वास ही नहीं होगा,
मुझमें रूमान भी कहीं होगा—
बालू में छुपे हुए पानी के सोते-सा।
पोंछे के पानी से सींचकर बगीचा,
तकिए में मुँह गाड़कर,
मोड़कर पाँव तिनकते हुए

मैं तुमको फ़ोन करूँगी!
मैंने बहुत सारी बातें तहा रखी हैं
अम्मा की साड़ियों के भीतर
डालकर फिनाइल की गोलियाँ!
आसमान में भी कहीं होंगी
रात की सियाही में किरणों से लिखी हुई
कई ऊटपटाँग चिट्ठियाँ,
पर कुछ जो कहीं नहीं, लिखी नहीं—
उनका भी कुछ तो करना ही है—
तुमको इसीलिए चुना है
कि पढ़-सुन लो वाक्यबंध
जो मुझसे पूरे ही नहीं हुए।
देखो ज़रा ऊपर—
तारे ये मेरे ही काँपते हुए अक्षर
जिनको मैं गूँथ ही नहीं पायी
लड़ी में कहीं।
वाक्यबंध टूटे हुए, शब्द यों ही निरर्थक—
क्या तुम सब लोगे अँकवार?
नम्बर नहीं पास मेरे पर
फ़ोन करूँगी।
जैसे जड़ें धरती के भीतर
धीरे-धीरे अपनी काँपती उँगलियाँ बढ़ाकर
कभी-कभी यों ही छू लेती हैं
एक-दूसरे के वे थके हुए कन्धे,
कुछ फ़ोन आते हैं क्या जाने
कौन ऋण-बंधन चुकाने
यों ही ग़लत नम्बरों से!
जब भी कोई फ़ोन आए
ग़लत नम्बरों से, बिगड़ना मत!
धीरे से माथा झुकाना!
जैसे पथिक से पुरानी विरहनी
दाना-पानी पूछ लेती थी,

वैसे नहीं भी अगर पूछ पाओ
तो माथा झुकाना ज़रूर :
क्या जाने क्या तलाशता-सा
राही कहीं जा रहा है!
आए कोई रॉन्ग नम्बर
या नहीं भी पाए—
हहाता हुआ एक सन्नाटा सुन लेना
चोंगा उठाकर!
हो सकता है कि मैं ही होऊँ,
ग़लत नम्बरों में तुम्हें ढूँढ़ती-सी पगलिया!
हर ग़लती एक फ़ोन नम्बर है
जो भूल जाते हैं हम कहीं भी रखकर।
फिर वह उड़ती रहती है,
उड़ती रहती है
लू में हहाती हुई,
घूमती-सी चक्रवातों में—
किसी पुराने फ़ोन के डायल-सी
एकदम से गोलमगोल!
इसी पुराने डायल से
तुमको फ़ोन करूँगी!

विस्फोट

"तड़ीपार शब्दों में
बनते हैं गीत,
इसलिए पुकार के लिए अच्छे हैं,"
चिड़िया ने चिड़े से कहा—
विस्फोट के ऐन एक मिनट पहले।

विस्फोट के ऐन एक मिनट पहले
किसी ने वादा किया था—
ज़िन्दगी का पहला वादा—
घास की सादगी और हृदय की पूरी सच्चाई से,
खाई थीं साथ-साथ जीने-मरने की कसमें!

विस्फोट के ऐन एक मिनिट पहले
किसी ने चूमा था नवजात का माथा!

कोई खूँखार पत्नी की नज़रें बचाकर
बैठा था बीमार माँ के सिरहाने,

कोई कटखने बाप से छुपाकर
लाई थी पिटे हुए बच्चों का खाना
विस्फोट के ऐन एक मिनट पहले।

किसी को नौकरी मिली थी
सदियों के इन्तज़ार के बाद
विस्फोट के ऐन एक मिनट पहले।

अभी-अभी कोई सत्यकाम
जीता था सर्वोच्च न्यायालय से
लोकहित का कोई मुक़द्दमा
तीस बरस में अनुपम धीरज के बाद!

घिस गई थी निब क़लम की,
क़लम जो किताबें लिख सकती थी,
लगातार लिखती रही थी रिट-पिटीशन।

घिस गए थे जूतों के तल्ले
धँस गए थे गाल!

क़िला फ़तह करके वह निकला ही था कचहरी से
कि दोस्तों को बताएगा—
'जीत गए वे सारे, सत्यमेव-जयते।'
पहला ही नम्बर घुमाया था
विस्फोट के ऐन एक मिनट पहले।

अहिंसा परमो धर्म: गाती थी बिल्ली
अस्सी चूहे खाकर हज को जाती।

अहिंसा परमो धर्म:
बगुला कहता था मछली से,
परमाणु बम कहता था नागासाकी से
विस्फोट के ऐन एक मिनट पहले!

"क्या ईश्वर है अहिंसा?
डुगडुगी बजती रहती है

बस उसके नाम की
पर वह दिखाई नहीं देती!"

मन्दिर के ऊँचे कँगूरे ने
मस्जिद की गुम्बद से पूछा
सहम के
विस्फोट के ऐन एक मिनट पहले।

फ़कीर की औरत

“जब धुंध झुकती है धरती पर,
सिहर-सिहर जाते हैं शहतूत के पत्ते,
यह तमाशा देखके
कि कैसे रेशम के कीड़े
रोम-रोम से
छोड़ते जाते हैं
अपना जीवन रस
जब तक वो जकड़ नहीं ले उनको
कच्चे रेशम का कोआ बनकर!”
ऐसी ही अजब-गजब बातें
        करते थे वे!
नहीं, मुझे सोती हुई छोड़कर तो
        वे नहीं गए पर
जैसे कि देखते ही देखते
प्राण निकल जाते हैं
गोद में पड़ी देह से,
        वैसे अचानक ही निकले
वे मेरे फूस के महल से।
        माघ के धुंधिल आकाश में
जगा दूज का चन्द्रमा तो मैंने कहा मुस्कुराके
‘जन्मदिन मुबारक,
        इस देह में डेरा डाले कितने बरस हुए?’

इस बात पर ही वे
बैठ गए उठकर।
मेरा मुँह हाथों में भरकर कहा—
"पूरा ही जीवन अकारथ गया,
इस देह में डेरा डाले बहुत दिन हुए
पर मेरे साधे कुछ भी नहीं सधा,
घर का रहा, न रहा घाट का!"
भौचक मैं खड़ी रही
और वे अँधेरों में गुम हो गए।
बाक़ी का क़िस्सा बस इतना है—
मैं हूँ और पीपल का पेड़—
एक-दूसरे से टिके बैठे हैं दोनों
यों ही रस्ता अगोरते।
इतने दिन बीत गए!
मेरे भीतर के जीवन-द्रव में
गोते लगाती हुई
एक उम्मीद डोलती है अभी भी
सतमासा बच्चे-सी।
इधर-उधर फेंकती है
कोख के भीतर
हाथ-पाँव बने-अनबने
और उछल जाता है जीवन-द्रव।
सिहर रहे हैं फिर से शहतूत के पत्ते
यह तमाशा देख के।

प्रेम का बचपन समुन्दर है

(कुछ अधूरी प्रेम गाथाएँ)

1. स्टीमर : 1974

गंगा के इस घाट से
उस घाट तक
चलती थी हंस-चाल में एक स्टीमर
जैसे उन्नीसवीं सदी
बीसवीं सदी के मुहाने तक!
वहीं मिला था मुझको वो
'प्रतियोगिता दर्पण' में
अपने आगत का चेहरा निहारता—
मेरी उपस्थिति से बिलकुल ही बेख़बर!
'काकचेष्टा वकोध्यानं' की वह महीयसी मुद्रा
मुझको इतनी ज़्यादा अच्छी लगी थी
कि मन-ही-मन मैं यह सोचने लगी थी—
क्या इस अनामदास की पीठ में भी खुजली होगी
यदि मैं कभी इसके सामने
अचानक पड़ी?
क्या मंदराचल से ला सकता है यह भी
नीलकुसुम
मेरी वेणी के लिए?
क्या इसको आएगा मेरी चोटी गूँथना?
बालों की गाँठें निकालना

धीरललित नायकों के धीरज से?
क्या कोड़ सकता है यह माटी
जब तक कि कुलबुल-कुलबुल करते
जल-पाखी
निकल नहीं आएँ
इस बंजर मिट्टी से?
क्या पूरे ब्रह्मांड की ख़ातिर
कर सकता है यह अच्छी खेती?
क्या यह रो सकता है किसी के लिए?
क्या इसको आते हैं 'इप्टा' के गाने?
क्या मेरे सब बेसुरे स्वर तराशता हुआ
गा सकता है मेरे संग-संग ये—
"आइए, बहार को हम बाँट लें...
सबकी जीत-हार को हम बाँट लें..."
या पापा की कविता—
"है तुम्हारी बाँह में हरद्वार-काशी,
है तुम्हारी गोद में संन्यास मेरा?"
वग़ैरह-वग़ैरह!
उस दिन पचास मिनट के बदले
तीन मिनट में ही
पहुँच गया स्टीमर
'पहलेजा घाट' से
'महेन्द्रू घाट' तक
और बन्द खरहों की तरह लोग
दरबे के बाहर ऐसे निकले
कि भीड़ में दूर तक दीखता
घुँघराले बालोंवाला
सुडौल माथा
अन्ततः डूब ही गया
जनसमुद्र की लहरों में डुबकियाँ लेता!
और एक हूक-सी उठी मुझमें—
धीरे-धीरे अनन्त तक फैलती

फैलती हुई सब किताबों तक
जो कि इस अजब अघट के बाद
मैंने पढ़ीं,
रेडियो की सारी गपशप,
सब गानों तक,
अलाव के सब अफ़सानों तक
जो दृश्य देखे,
उन आँखों से देखे,
नर्सरी राइम की मेरी के मेमने की तरह
ताज़िन्दगी
मेरे पीछे ही लगे रहे
उस उड़नछू नज़र के धुँधलके
या शिष्ट भाषा में बोलें तो
'निगाहेकरम के घने साए—'
उतरती हुई शाम,
भीड़-भड़क्का लाँघकर
सीधे मुझ तक ही चले आए।

2. प्रत्यभिज्ञा

फत्तन खाँ महाराज
वैसे तो बिरजू महाराज के
शार्गिदों में एक थे,
लेकिन उन्हें ऐसा इश्क हुआ था
कि वे तवायफ़ों के ही मुहल्ले में
मसूमानाज के
डांस-टीचर हो गए थे—
घर-बारी, दरबारी, जो भी कहो!
किसी ने कहा होगा पापा से
कथक सिखाना है जो बेटी को,
पोंगापंथी तो तुम ताख धरो

और इन्हीं को घर बुलाओ!
"गुड़िया बिटिया हैं, गुड़िया बिटिया?"
दूर से गुहारें लगाते
वे ठीक उसी समय घर आते
जब मैं स्कूल से थकी आती
और घर आने को होते
खेल के सारे संगाती!
कभी-कभी देखकर उन्हें मैं
बैठक के बड़े पलंग के नीचे
छुप जाती
तो वे वहीं ज़मीन पर बैठकर
झाँकते हुए पलंग के दोने के भीतर
मुझ मानो बिल्ली को
बाहर निकालने की
सौ-सौ जुगतें भिड़ाते :
"क्या मैं कच्चे खांव बहुरूपिया हूँ
कि देखते ही छुप जाती हो तुम डरकर,
ओ बिटिया-नाच रही है सारी कायनात,
नाच रहे हैं सारे तारे, चन्दा और सूरज
जिसके इशारे पर—
वो ही तो इन्तज़ाम करके
भेजता है किसी को
पास किसी के!
यों नहीं खलल डालते!
उसकी ही मर्जी के आगे
माथा झुकाते हुए
जो सामने आए—
उसे ग़ौर से देखो—
पहले भी तुमको कहीं वह मिला होगा
काल के किसी घाट पर किसी ज़माने में—
—पहचानो और नाच जाओ उसे लेके
चौरासी फंदों के पार!"

3. छोटा खयाल

पहला ही वह गत-परण था—
'आलि आई बसन्त ऋतु की बहार!
आलि, कूजत कोयल डार-डार!
झूम-झूमकर नाचन लागे,
हरियाई सब बेलरियाँ,
पिया बिदेस अजहुँ नहीं आए,
सहा न जात, सखि,
दुख अपार!'
यह था वह छोटा खयाल
जिस पर नचाया मुझे ऐसा
फत्तन खाँ महाराज ने,
कि मेरे घुँघरू ही टूट गए!
ठनकार में
अपना रास्ता तलाशते हुए
कहाँ-कहाँ भटके ये
घुँघरू के दाने!
अमराई में जब भी झूलता ख़ाली हिंडोला
लू के झकोरों से
और कूकती कोयल,
दौड़ती हुई जाती मैं बाहर—
'पिया बिदेस अजहुँ नहीं आए' की
एक अजब-सी तान उठ जाती भीतर!
क्या जाने कौन पिया थे मेरे
और उन्हें जाने कहाँ से आ जाना था।
गडमड रंगों की थकी बाल्टी,
इधर-उधर फेंकी वे पिचकारियाँ,
वे अधभरे ठोंगे
पीले-गुलाबी गुलाल समेटे—
चौंककर सभी मेरी ओर देखते—

त्योहार के अगले दिन का अनूठा उजाड़
हरदम पसर जाता था चित्त पर मेरे!
कित्तो गिलहरी भी चौंकती,
चौंक-चौंक जाता था कौतुक खरगोश—
नहीं चौंकता था तो पूरी गली का दुलारा
वह शेरा।
इधर-उधर बिखरी सब जूठी पत्तलें सूँघता
उसी ठाठ से घूमता जाता।
गेंदे के फूल चौंक जाते!
वसन्ती हवा की चिकोटी पर
चौंककर
कमर से तपाक
घूम जाती
रमावती नाइन-सी माधवी लता,
आँखों में देखती हुई पूछती—
"बबुनी, किसका इन्तज़ार?
इतनी सुबह
क्यों आ गई हो ओसारे पर,
जबकि मताया पड़ा है ये सारा जगत।
और आ गई हो
तो एक फाग सुनो...
'भर फागुन बुढ़ऊ देवर लागे, भर फागुन!'
क्या तुमको भी मैं बुढ़ऊ से फँसाऊँ/ जाओ, भीतर जाओ—
जाकर अम्मा-दादी को जगाओ—
परबी में मेरी ख़ातिर
क्या रखा है, पूछो तो!"
पीछे-पीछे उसके आती सविता धोबिन,
सर पर धरे गट्ठर
गेल्हावाले मलमल कुरतों,
और कलफदार साड़ियों के—
"लो, अब सँभालो ये कपड़े,

कल तो नहीं आई।
होली के हुड़दंग में
ये सफ़ेद टच्च कपड़े—
इज़्ज़त की तरह ही बचाने पड़ते हैं
लगे नहीं कहीं दाग-धब्बे—
इसमें ही फूँ सरक जाती है!"
फिर दोनों की आपस में ही
शुरू हो गई बतकही
कि किस कोठी में किसका किससे
चल रहा है नयन-मटक्का,
किसकी बेटी भागने को है!
किस घर का जाम हुआ चक्का!
कौन पेट से है और कौन
सिर्फ़-चिट्ठी-पतरी तक फँसी है।
ये ही सब सुन-सुनकर सिहर गया बचपन,
सारा रोमांस झड़ गया मेरा
सेचते हुए,
"मेरे बारे में कुछ ऐसा प्रवाद उठा
तो मेरे पापा का क्या होगा!
उनका चेहरा कैसा मुरझाएगा!
उनको दुखी करने का
आख़िर क्या फ़ायदा?
किसी का नहीं करना इन्तज़ार—
आए-न-आए
कभी ज़िन्दगी में बहार!"

4. अरूप विरह-व्यथा

जाने को कोई जगह नहीं मिली
तो मैं अपने ही भीतर के तहख़ानों में

उतर गई
एक-एक कर सीढ़ियाँ लाँघती।
वहाँ एक सरोवर मिला
और नायिकाएँ मिलीं—
कई पद्‌मिनी नायिकाएँ,
कई-कई कुट्टिनियाँ, मुग्धाएँ!
दुनिया की कालजयी कृतियों से—
शास्त्रों से, कुछ पुराणों से—
ये भी निकल भागी थीं शायद
एक नई दुनिया बसाने
आगे आने वाली पीढ़ियों को
वही ढाई आखर पढ़ाने।
उन्होंने हर गर्मी-छुट्टी
नानाजी के पुस्तकालय में
मेरे ही साथ तो बिताई
और आहिस्ता-आहिस्ता समझाए
सारे रहस्य प्रेम के
जिससे वह अरूप विरह-व्यथा मेरी
फिर से लगी
पचखियाँ फेंकने
छाती में मेरे!

5. अन्तरंग

कैसा वह यक्ष रहा होगा
जिसकी घनघोर व्यथा
घहर-महरकर बरसी होगी यों
कालिदास के भीतर!
क्यों चाहती है व्यथा
एक आश्रय ऐसा
जिस पर वह बरस सके घहर-महर!

नानाजी कहते थे—
"उत्सर्जन महाभाव है सृष्टि का,
इससे ही सृष्टि पनपती है
और उजड़ती भी है।
हर प्रकर्ष का जो उत्सर्जन है—
महाकाल है वो ही
और कालिका उसके प्राणों की महीयसी शक्ति!
कोई भी इच्छा जब संकल्प बनती है, जग जाता है देवता,
पत्थर भी महाप्राण होकर धड़क जाता है।
इसी तरह कल्पना सधी होगी
पूरे तैंतीस करोड़ देवताओं की।
इससे बड़ी पलटन क्या होगी इच्छाओं की!
इच्छाएँ चूँकि अमर हैं, अमर देवता भी हैं।
हमसे प्रकट होते हैं देवता,
लेकिन जो प्रकट हुए तो साथ हमारे विसर्जित नहीं होते।
रह जाते हैं सृष्टि में
अकबकाए हुए—
एक नई संकल्प शक्ति की
आस में विकल
जो कि उन्हें फिर जगाए!
संकल्प का ही तो
एक नाम देवता है
संकल्प साधने की ऊर्जा है
महाशक्ति!
इच्छा नहीं सिद्ध होती संकल्प के बिना,
यों ही उमड़ती-घुमड़ती रह जाती है
सृष्टि की छाती में
प्रकट हुए देवों-सी,
सधते नहीं जो कभी भी
संकल्प के बिना!"
इच्छा और संकल्प—

दोनों की प्रेमकथा
प्रीतिकलह की पींग पर
झूलती रहती है
मजे से हिंडोला—
यही हिंडोला ज़िन्दगी है क्या?
कालिदास की काली क्या ऐसी ही होगी
जैसे कि परमहंस की काली
ठाकुरबाड़े में टँगी?
उसने ही लिखवाई होगी यह
'कालिदास ग्रन्थावली'
चौखम्बा, सुरभारती ग्रन्थमाला वाली
जिसकी टीका मुझको मथती है अब भी
जैसे की मंदार पर्वत
मथता था सागर की छाती?

6. संसार बरस रहा था मुझ पर

संसार बरस रहा था मुझ पर!
बरस रहे थे मेघ
क्रीं क्रीं क्रीं
का वह महानाद
बरस रहा था सृष्टि पर!
कनु पर और 'कनुप्रिया' पर,
'उर्वशी' पर और 'पद्मावत' पर!
'बरसे मधा झकोरि-झकोरि।
मोर दुअ नयन चुअहिं जस ओरी!'
धुल रहे थे अक्षर
टपक रहा था एक महाभाव मन में
जिसको कि माँ कहती थी
'अर्थगौरव'

मुझको 'पद्मावत' पढ़ाती हुई!
चमक रही थी शब्दों की 'बीजुरी'
मेरे भी मुख पर!
रत्नसेन की एक सेना-सी भीतर
घुमड़ रही थी
बादलों के ही समानान्तर!
लैम्पपोस्ट के नीचे
खिड़की के बाहर
एक धुँधली आकृति!
क्या वही?
असमंजस में खड़ी थीं
वे सारी दिशाएँ
कि भाग-दौड़ शुरू हो गई!
आया लकड़सुँघवा आपातकाल!
वह मेरे ही पड़ोस में अपनी मामी के घर धरा गया
मीसा के तहत!

7. लियो जी तराज़ू तोल

उस रंग की चिड़िया
फिर मुझको आकाश में नहीं मिली,
नहीं धरती पर
जो उसने मीसा से छूटकर उड़ाई थी
सारंग चिड़ीमार से एक
पिंजरा ख़रीदकर!
लेकिन जल्दी ही फिर
एक फेक एनकाउंटर में
वह ख़ुद भी दूर उड़ गया,
अरे वही—
जो कि अजब ढंग से मुझको
जिन्दगी-भर ही पुकारता रहा

बदल-बदलकर भेष अपना :
कभी-कभी तो एक कबाड़ी की लय में
गलियों से आवाज़ देता है अब भी
और इस देह का कबाड़ सँभालती हुई
आ जाती हूँ जब दरवाज़े तक,
पूछती है मीरा रानी—
'लियो जी तराजू तोल?'

8. दीया-बाती की घड़ी

कभी-कभी
दीया-बाती की घड़ी
'पुहू-पुक', 'पुहू-पुक' में
आटा-चक्की की,
लगता है कि वो ही चिड़िया
मुझको पुकार रही है
'जोई-सोई' कुछ-कुछ गाती हुई!
आज तलक जब मेरे डैने थकते हैं,
दुनिया लगने लगती है भारी,
उन पंखों के रोएँ ही मुझमें
एक नया स्पन्दन भरते हैं,
भर जाती है मेरी छाती
बेतिया के
ख़ूब पके हुए
उन्हीं सुनहरे जर्दा आमों की मादक गमक से।
यही एक बात तो मुझे ठीक-ठीक पता चल पाई थी,
उसकी ममेरी बहन ने बताई थी,
वह इन आमों का दीवाना था,
एक बार उसने अपनी बहन से कहा था—
"माँ ने जो भेजी है झाँपी

आमों की,
उनमें से कुछ आम तू क्यों नहीं
गुलमोहर के पेड़ वाले घर में भी दे आती...
कोई वहाँ से तेरे स्कूल भी तो जाती है
क्या वह तेरी अच्छी साथी है?"

9. गगन में गैब निसान

स्कूल के ही पिछवाड़े तो
आज तक खड़ी हूँ,
ज़िन्दगी की पाठशाला ज्यों-की-त्यों है!
दरवाज़े टूट गए हैं,
हहा-हहाकर बहती है
उससे पुरवैया—
लाल दुपट्टा वह
गले में पड़ा
उड़ा जा रहा है
गैब निसानों-सा—
'गगन में गैब निसान उरै' की लय में!
आज तलक हिम्मत नहीं होती
सुबह-सुबह अख़बार पढ़ने की!
हर फेक एन्काउंटर में
मारा जाता है वही!
और पसर जाती है चित्त पर
एक विकल वैधव्य की सी सफ़ेदी!

बेरोज़गारी में प्रेम

मेरे इन फेफड़ों में
प्लूरिसी का पानी
और सितारों की झक्की झिलमिल है!
ज़्यादा ही अर्जुन बनता है यह आसमान!
मेरी तकलीफ़ों से ज़्यादा सफ़ेद हैं गुलाब।
मुझे तीन घूँट चाँद चाहिए
और चार चप्पू अनार!
मेरे हाथों में वसन्त अभी है बाक़ी,
लेकिन मेरी आँखें
एकदम से बूढ़ी हो गई हैं!
हालाँकि वह मेरे आस-पास रहती है,
लेकिन कई बार
सामने भी बैठी हो
तो दिखाई नहीं देती।
फिर पूरी की पूरी
जाती है कौंध
जैसे कि चिड़ियों का चम्बा।
शायद उसको मुझ पर दया आ गई है!
दूर-दूर से वह बटोरकर
लिए चली आती है
झड़बेरियाँ, फ़लसफ़े, उड़नखटोले!
एक दिन नीलकंठ देखा
और नाच गई!

स्कूली बच्चों-सा उसका उत्साह
और उदास आसमान!
जप रही थी मंत्र जैसा कुछ
टूटी हुई चूड़ियों पर
'लव मी, लव मी नॉट'
वन फार सॉरो...
टू फॉर जॉय!
...
फ्रॉक के दोनों में
पंखुड़ियाँ लिए-दिए
कितनी शताब्दियाँ
लाँघती हैं जैसे
कविताएँ
अनुगूँजों के
चप्पुओं से,
यह मेरा दिल खे रही है।
प्रेम का बचपन समुन्दर है।

द्वार खड़ा एक जोगी

हमें एक ज़िद-सी थी
जोगी से ही लौ लगाने की
हालाँकि लड़कियाँ तमाम ठेल दी जाती थीं
घर के अन्दर
जब भी किसी जोगी को घेरकर
बैठती थीं उनकी माँएँ
सखा-भाव से अपने जीवन के
दुख-सुख बतियाती
और यशोदा भाव से
जो-सो गाती हुईं।
भरपेट भात जीमकर
जब वे चले जाते
आशिष लुटाते हुए,
दूर क्षितिज तक लहराता
उनका वह जोगिया चीवर,
देर तलक हम सोचते—
क्या मज़े का जीवन—
लगातार सरहदें फलाँगता हुआ!
बाढ़ के दिनों में भी आते संन्यासी
रामकृष्ण आश्रम से
और एक निरपेक्ष ममता से
सबको सँभालते!
वे एक दूसरी तरह के जोगी थे

जो किसी से कभी कुछ भी नहीं माँगते थे,
पर अब तो डर लगता है जोगियों से,
जो घेरों में बाँट देते हैं न्यास,
यह कैसा आक्रामक, छलिया संन्यास!
जोगी जो हमें चाहिए—
उसका कमरा है
बिजली की एक धमक
जो बादलों के टकराने से
बनती है,
नारंगी फूलों में हँसता है वो,
हरसिंगार में रोता है।
रहता है जो पत्तों की माँद में,
शिव-सा क़िस्सागो,
और कवि ईसा-सा!
पैग़म्बर-सा फना,
अपरम्पार!
सबसे कठिन युद्ध है
जीतना ख़ुद को,
जानता है जो, वो महावीर हमारे लिए,
बुद्ध-सम्बुद्ध वही,
नानक वही है विराट।
प्यासी है गर्भ अब धरा की
इनके ही पुंसत्व की,
बाक़ी तो सब बाल-बुतरू हैं धरा के लिए—
अकेला बड़ा करना है जिनको
उस औरत के धीरज से
जिसका पुरुख जाने कब लौटेगा
वापस
परदेश से!
सच पूछिए
तो क्या पुरुख
और क्या औरत—

ब्याहा जाता है वह
धुर बचपन में ही अनन्त से,
क़िस्सों के झिलमिल गढ़ंत से,
और फिर अनन्त चला जाता है
दूर परदेस कमाने,
और बीच में जो भी
आता है जीवन में
एक व्यतिक्रम की तरह ही
टालते जाते हैं उसको हम
उस मौन धीरज से
जिससे कि टाला था पेनेलोपे ने
क्यू में लगे प्रेमियों को
ऑडीसियस के घर लौट आने तक!
एक पेनेलोपे है हम सबके भीतर—
दिन में हम जो बुनते हैं,
वो ही देते हैं उधेड़
रात को मशालों के साए में,
इस उधेड़बुन में ही कटती है
ज़िन्दगी हमारी!
शायद ही लौटता है कोई
ऑडीसियस,
पर टिकटिक करती ही रहती है भीतर
एक व्याकुल-सी प्रतीक्षा
अनन्त की।

भागे हुए प्रेमी

यातना क़ैद नहीं होती
काल-कोठरी की।
दीवार कोई होती है
हर यातना की
जिसकी दरारों से
फूटते हैं
रोशनी के रास्ते!
रस्सियों-से तने हुए
रोशनी के रास्ते
तंग कोठरियों से बाहर निकल भागने का
कुदरती इन्तजाम हैं
प्रेमियों के लिए!
साथ-साथ चलते हुए
पाँवों में सड़क उतर आती है
गर्भस्थ शिशु के हृदय-से धड़कते हैं
पाँवों के छाले।
दौड़ते-भागते हुए
वे एक तम्बू-सा देते हैं गाड़
एक-दूसरे में
एक नई टीस के जनमने तक
और फिर बढ़ जाते हैं आगे—
कभी साथ फिर से,

और कभी
'एकला चलो' भाव से!
पंख-जोड़ तैरता हुआ
दो हंसों का जोड़ा भी—
अन्ततः हो ही जाता है
अपनी उड़ान में अकेला—
'हंस अकेला जाई'!
क्या सचमुच?

सफ़दरजंग अस्पताल का फ्लाईओवर

किसी घाव से आधा उखड़े हुए
बैंड-एड-सा अकबकाया हुआ
और लाचार—
इस फ्लाईओवर के नीचे के
इन प्रेमियों का संसार!
फिर भी तो मस्त दीखते हैं
ये नट, ये ठठेरे,
माटी की मूरतें उठाते कुम्हार,
तवे और चिमटे सिल्हाते लुहार!
जिस दिन नहीं भी जले चूल्हा,
एक ही झपोले में बैठे हुए
देखते हैं रात की बारिश
देखते हैं कैसे एक ही लय में बरसता है पानी
ठेले की केतली पर,
अस्पताल के गेट पर बिकती
'संजीवनी बूटी' की टोकरी पर
और उन आधी ही ढँकी हुई लाशों पर!
फिर जब कहीं दूर पकते हुए चावल की गंध
नथुनों में भर जाती है,
मॉर्चुरी की ओट लेते हैं
और लिपटकर सो जाते हैं!

आपै आपन पार

हमसे बेहतर हैं ये भुइले, रेशम के कीड़े,
सीप, साँप, चींटियाँ, दूसरे मकोड़े
जो लाँघना चाहते तो हैं
उस नन्हे पत्ते जैसा
अपना आधार
जो उनको लगता है
उनका संसार!
धीरे-धीरे वे हो भी जाते हैं
इस तंग सरहद के पार।
जो दीखता है हमें
रेशम, मूँगा और मोती,
वह दरअसल था कभी
उनका अपना घर-संसार
जिसे छोड़कर वे निकल आए
निस्संग जोगियों की लय में
जीवन और मृत्यु के पार—
बैरागी प्रेमियों-से
आपै आपन पार!

अन्या

क्या तुम उस लड़के से मिले हो—
गाँव के एस टी डी बूथ में
बरसों से निष्प्राण झूल रहे
टेलीफ़ोन की चुप्पी
एकदम थकी बैठी है उसके
कत्थई होंठों पर,
होंठ जो कि सदियों से चूमे ही नहीं गए,
जिनकी सफ़ेद-स्याह पपड़ियों पर
उँगली घुमाती है यों ही
कहीं खोई-खोई-सी
गुमसुम हवा!
वह उसकी चिरसंगिनी है!
जब वह धुआँता है
आधी ही पीकर बुझा दी गई
सिगरेट के छल्लों-सा,
कभी-कभी घबराकर मुँह फेर लेती है,
पर साथ नहीं छोड़ती
ये लजीली हवा।
कभी-कभी जब धुकधुकाकर
भगा ही देता है
पेड़ों की काँत* में टहलती है

---

* कतार।

आस-पास ही!
कभी कुछ नहीं बोलता वह किसी से,
लेकिन उसे ख़ूब अच्छा घुड़कता है
कभी-कभी!
पर वह चली जाती है ओट में पेड़ों की
तो ढूँढ़ता भी है उसको बेचैनी से इधर-उधर।
देख लेता है जब—
वह खड़ी है वहीं—
धम्म बैठ जाता है फिर से
धुआँता हुआ!
चिरसंगिनी यह हवा भी नहीं जानती—
किन सोचों में रहता है इन दिनों,
क्या ख़ुफ़िया
कार्रवाई चल रही है
उसके भीतर!
लगातार ही उसने जोहा है मुँह उसका!
यह बात किसी स्वस्थ रिश्ते की ख़ातिर
अच्छी नहीं है,
पर वह उसका ग़ुस्सा ठीक से समझती है—
उसके कन्धे दुख गए हैं
कायनात की गठरी
उठाते-उठाते!
वह सबका बोझा उठाता है
और पास उसके सुस्ताता है!
भरपूर मेहनत के बाद,
किसी बड़े पेड़ के तले
सुस्ताता हुआ आदमी
दुनिया का सबसे सुन्दर आदमी
तो होता ही है!
हवा नहीं जानेगी
तो कौन जानेगा—
उसके पसीने की धार में

चेनाब की सी चमक है
और उखड़ी साँसों में उसकी
फागुन की हल्की खुनक!
उसकी आँखों में तड़प उठती हैं सौ बिजलियाँ
जब गहरे गोता लगाती हैं
उसकी बाँहों की मछलियाँ!
उसके भीतर का मछुवारा
कुछ जल्दी में है—
जंजाल जल्दी समेटे और घर जाए।
उसका घर उस पगली लड़की के दिल में है
जिसको वह उस पार ही छोड़ आया था
और बढ़ आया था एकदम अकेले
कुछ कर गुज़रने की धुन में!
हवा जानती है सब,
फिर भी लगी रहती है पीछे
और पास आ बैठती भी है धीरे से—
तालाब के पानी में पाँव गोते हुए
जब वह चुपचाप देखता है
दूर क्षितिज की तरफ़
जहाँ नाम उसके एक तारा भी है—
सोच में डूबे हुए
कारीगर की बीड़ी की
नोक की तरह
धुकधुकाता हुआ—
एक तारा।

बारहवीं का प्रेमी-1

मैं एक पवित्र घाव में रहता हूँ,
ख़ुद में ही सिमटा हुआ!
अपनी सरहद मैं कभी भी
नहीं लाँघता!
अम्मा की
ताबीजों के भीतर रहता हूँ
नन्ही दुआ-सा
और अँगूठी के झिलमिल नगीनों में
नक्षत्र अँकवारता!
हाँ, एक पवित्र घाव में रहता हूँ
कभी-कभी जो टीसता है
ज़रा-सा
जब बहती है
फागुन में
उल्टी हवा!

बारहवीं का प्रेमी-2

जो मैं अभी तक
कर नहीं पाया हूँ टॉप-अप,
ज़िन्दगी है वो मोबाइल।
यह दरअसल मेरी है भी नहीं, उधार की है।
एक-दो बार जो बजा मीठी धुन में
वही प्यार था शायद
पर उसका प्रत्युत्तर
दे पाता तो कहता क्या—
यह मैं नहीं जानता!
सिनेमाघरों के अँधेरे
चुपचाप रोने और हँसने की
अच्छी जगह हैं
जैसे कि सार्वजनिक पुस्तकालय के खुशदम उजाले
धूल-धूप-अंधड़ और तानों से
बचने के!
अँधेरे-उजाले के बीच कहीं कौंधी जो
क्या वो ही थी मेरी
स्वप्न-सुन्दरी?
उसे देखने के पहले मैं
कहाँ जानता था
कि बादल मेरे रिश्तेदार हैं
और चाँद-तारे पड़ोसी!
एक दिन क्या सचमुच आएगी

मेरी तलहथियों पर सर रखकर
रोने दो?
भूख देह की आँख है—
उसको बहुत दीखता है,
ज़रूरत से ज़्यादा!
छन-छन छनकती
इस भूख से मैं परेशान हूँ, बाबा!
आख़िर कब तक सब-कुछ
ठीक-ठाक हो पाएगा!
ये लो, फिर से उठ गई हिचकी,
क्या किसी ने मुझको याद किया?

कारीगर

बैंजनी डुलाती रही मेरी दादी
चन्द्रमा की,
(सात मोती-जड़ी)
सिर झुकाए बाबा
कौर उठाते रहे,
अनमने-से, चुप-चुप खाते रहे,
न कुछ सराहा,
न कोई शिकायत की!
मुझे अटपटा जो लगा—
धीरे से मैंने कहा,
"कभी तुम्हारा दिल नहीं चाहता, दादी
मनुहार क्या?"
"बाबा तुम्हारा कलाकार है, बेटी,
पकिया कारीगर,
पहली शादी उसकी
अपने हुनर से ही है,
उसका हुनर ही
उसकी पटरानी है!
हरदम उसकी ही तो सोच में पड़ा रहता है,
कभी-कभी कश खींचना भूल जाता है
बीड़ी की
उसकी ही धुन में,

पर मैं भी दम धरती हूँ सोचकर
कि अभी-अभी पत्थर से फूटेंगी
सुन्दर आकृतियाँ!
छेनी चलाता हुआ बेरहम दीखता है जो,
दरअसल तराश रहा होता है वह पत्थर,
इसीलिए होता है आकर वह
करुणा का,
और सात ख़ून माफ़ हो जाते हैं
उसके!"

राशिफल

किसी ज्योतिषी की तरह अन्धा
मेरा यह प्रेम
सब खगोल-पिंडों में तुमको भटकाएगा!
क्या होगा, थोड़ा भटक लेना
जैसे भटकती है नाव
नाभि में भँवर की
पलटने से पहले!

अस्पताल में दम्पती

बरसों से बन्द पड़े
मिशनरी स्कूल के गिरजाघर का
एकदम निचाट
वो अकेलापन
पसरा पड़ा था वहाँ—
उनके भय पर!
दोनों ने करवट बदल ली थी
अब केवल पीठ सटी थी
और बीच में एक चोटी थी—
कीमोथेरैपी के बाद के दिनों में
फिर से मचलकर,
पूरी ही जिजीविषा से
बाहर आए
श्वेत-श्याम केशों की
कच्ची-सी चोटी—
एकदम ढीली बँधी।
शब्द सभी ठिठके पड़े थे!
ड्रिप से वह जीवन द्रव टपक रहा था—
शहद की उसी बूँद की लय में
जिसे लोक लेने को बढ़ जाती है
उस कहानी में
मृत्युमुखी व्यक्ति की जिह्वा!

अचानक कहा औरत ने—'कहवा',
और आदमी उठ गया,
धोता हुआ थर्मस यंत्रचालित भाव से फिर वह
चलता ही चला गया...!
प्रेम एक बलारेज* था—
धीरोदात्त भाव से ठठे
—जीवन और मृत्यु के
दो प्रखंड
जोड़ता हुआ।

* गलियारा।

वार्धक्य में प्रेम की दस्तक

नहीं, मैं अकेली नहीं हूँ—
घिरी हुई हूँ बुरी तरह।
इस तरह घिरे होने में
कुछ ऐसा बुरा भी नहीं
        जिसकी शिकायत हो।
यह दम्भ भी मुझसे नहीं सधेगा
कि साफ़ कहूँ
जो कहता था मेरे बचपन का
एक बड़ा मजेदार रेडियो विज्ञापन—
'जगह नहीं है, जगह नहीं है—
इतने ढेर-सारे बच्चों के साथ एक ख़ाली बस का इन्तजार करें!
        परिवार नियोजन कार्यालय,
        सूचना जनहित में जारी!'
बचकाना उम्मीदों की कोई क्यू लेकर
तुम मेरे पास नहीं आए
और इस तरह भी
भरी-पूरी
इस दुनिया की कोई औरत नहीं होगी जैसी सिटी बस होती है।
        थोड़ा-थोड़ा-सा अकेलापन
हर रिश्ता देता है—
हर रिश्ता देता है
थोड़ी-थोड़ी-सी
हताशा-तिरस्कार,

बाँकी-तिरछी अम्ल-वर्षा,
एक घुमड़ती हुई-सी वीरानी,
थोड़ा-सा ख़ालीपन!

ख़ाली कर जाता है हर रिश्ता थोड़ा-सा,
लेकिन उसी ख़ालीपन में, उसी ऋत में
धीरे से एक आकाश उतर आता है!
आकाश का ऐसा है, उसमें चिड़िया उड़ तो सकती है,
टिककर बैठ नहीं सकती,
आकाश टेक नहीं देता
किसी घोंसले के लिए।

उचटी हुई नींद आकाश बनती है,
सपने उसे बिलकुल याद नहीं रहते,
परिन्दे समझते हैं उसकी मजबूरी...
तब ही वे अपनी उन
उन्नत उड़ानों के
कोई निशान नहीं छोड़ते,

हाँ लेकिन,
उनके उन अस्फुट गीतों की
हल्की अनुगूँजें
बची हुई रहती हैं
बूढ़े आकाश की
धुँधली स्मृतियों में।
उनकी ही कृतज्ञता
साँय-साँय बहती है,
थमती है बस थोड़ी देर के लिए
प्रलयंकर तूफान के पहले।

चट्टान

ऐसा नहीं है कि
उच्छल जलधि तरंगों के बीच उसे देखा हो—
उत्तुंग!
दायम किसी दर पर पड़ी हुई
वह एक बेहद घरेलू-सी चट्टान थी!
नाधे पेटकुनिया वह लेटी थी सदियों से
राजकीय कन्या विद्यालय
के गेट पर!
पर उसमें एक बाँकपन था अजब-सा
जो बस उनमें ही होता है
जिनमें होती है कुव्वत
सब झेल जाने की
टस से मस हुए बिना!
हालाँकि उसकी आँखें उदास थीं,
ग़ौर से देखने पर डबडबाई भी लगती थीं,
पर कुल मिलाकर एक अजब बात थी उनमें,
हम उसको सत्याग्रही कहा करते!
गर्मी अपना साहबी तेवर
झाड़ती ही जाती थी इस पर,
भूकम्प, दावानल,
बड़वानल भी उस पर ज़ोर आज़माते थे,
पर वह सह जाती थी
आदिम सत्याग्रह की मुद्रा में

लेटी हुई!
बारिश की तड़ी से नहीं टूटी,
आँधी-पानी और कुहासे का तबोताब झेल गई।
साइबेरिया से आया जाड़ा
कॉमरेड स्तालिन की नाक छूता हुआ,
पटक गया उस पर
अटल हिमशिला वक़्त की,
इस वक़्त का मान रखती हुई
दरकी थोड़ा-सा, पर टूटी नहीं!
टूटी वह अजब बात पर
एकदम से कसमसाकर!
ऐसा लगा जैसे
कोयल ही कूक गई ऐसे
कि छाती में उसकी छेद हो गया।
नेह-भरी फासिल ही मसक गईं
उसकी शिराओं में।
एक दिन अचानक
मान-भरी हवा जो चली
मंजरियों की ओट से,
सदियों से दबी हुई हूक जग गई।
बूढ़ी मेट्रन ने कहा हमसे धीरे से—
"ऐसा ही होता है,
बेबात ही टूट जाती हैं चट्टानें
सबको चकित्प्राण करती हुईं,
कोई नहीं जान पाता—
वे टूटीं तो क्योंकर और कैसे!"

उत्तरायण-1

नहीं जानती,
मेरे जीवन का हासिल क्या!
मेरे वे सारे सम्बन्ध जो बन ही नहीं पाए,
वे मुलाक़ातें जो हुई ही नहीं,
वे रस्ते जो मुझसे छूट गए
या मैंने छोड़ दिए,
उढ़के दरवाज़े जो खोले नहीं मैंने,
शब्द जो उचारे नहीं
और प्रस्ताव जो विचारे नहीं—
मेरे सगे थे वही, जिनकी मैं सगी न हुई!
करते हैं मेरी परिचर्या इस घने जंगल में वे ही
जब आधी रात को
फूलती है वह कुमुदिनी
मेरी हताहत शिराओं में और टूट जाती है नींद!
एक पक्षी चीख़ता है कहीं विरहदग्ध!
आसमान भी किसी आहत जटायु-सा
बस गिरा ही चाहता है
मरे कन्धों पर,
और उमड़ता है हृदय में सन्नाटा
प्रलयमेघ-सा!

उत्तरायण-2

वैसे तो वक़्त ने हमें
कहीं का नहीं छोड़ा—
न घर का न घाट का ,
फिर भी मुझे कल्पना करना
अच्छा लगता है
कि मैं कहीं की हूँ
और किसी की हूँ—
ज्यामिति की कक्षा में
कहती थीं सरिता मैडम,
'कल्पना करो, ए बी सी एक त्रिभुज है'
यह बात घर कर गई मन में
ज़िन्दगी-भर मैंने और कुछ किया ही नहीं
बस कल्पना ही की—
ए बी सी एक त्रिभुज है।
इस त्रिभुज के
एक छोर पर घर है,
दूसरे पर दुनिया,
तीसरे पर एक जंगल है,
और त्रिभुज के बीचोंबीच कोई है
जो मुझको जानता है ठीक से मेरे सारे आयामों में!
ज़िन्दगी-भर दोनों साथ चले
सोचते हुए
ख़ुद को बदलते हुए हम बदल देंगे यह दुनिया,

और गढ़ेंगे एक ख़ुशदिल संसार—
हवा जहाँ हल्की हो
उड़ते हुए क़दमों से चलेगी,
पानी भी रलमल बहेगा,
आग धमनियों में बहेगी
पर इतनी मीठी
कि उस पर धीरे-धीरे
शकरकंद पक जाएँगे!
माटी से गंध उठेगी
हल्की बारिश की,
कहीं कोई धुआँ नहीं होगा—
न आकाश में, न ही रिश्तों में,
साझी होगी धरती, सबकुछ सबका होगा!
एक एहसास भर रहा
कि त्रिभुज के केन्द्र में कोई बैठा है
पर उसकी सूरत नज़र ही नहीं आई,
किसी फ्रेम में बन्दा अँट ही नहीं पाया!
बादल-बादल जैसी थी उसकी सूरत,
सो मैंने बादल के साये में एक पेड़ बोया,
ठीक-ठाक पेड़ तो नहीं,
एक कलम बोई
उस पेड़ की
जिससे मेरी अपनी बुआ की बुआ की बुआ की शादी हुई थी!
बुआ की बुआ की बुआ के पिता के घर
कन्या तो थी लेकिन
इस कन्यादान की दक्षिणा-बराबर पैसे नहीं थे
तो पेड़ ही वरा गया।
बाक़ी सब कूच कर गए,
यह पेड़ टिका रहा
कासाबियांका के धैर्य से
उनके दरवाज़े!
चार पीढ़ियों की कन्याओं के

वानप्रस्थ का ये ही साक्षी बना।
जब मेरा वानप्रस्थ आया,
मैंने इसी पेड़ से जी-भर गपशप की,
"हे पेड़ बाबा, इस जीवन का आशय क्या?
जो भी जिया—उससे कहा गया—
'यह जीवन रफ ड्रॉफ़्ट है, इसको फेयर करो,
दुबारा लिखो इसको अपने पराक्रम से।
ख़ुद को भी दुबारा लिखो।'
डूब गया बेचारा ख़ुद को लुगदी करके
फिर से लिखने लायक
काग़ज़ बनाने में।
पर दुनिया कैसे लिखी जाती दोबारा एक ही क़लम से?
सो उसने टोली बनाई, कुछ लोग आजमाए
जो दुनिया से नफ़रत,
हिकारत,
जहालत मिटा सकते थे,
आदमी से आदमी की तरह पेश आ सकते थे,
बाँट सकते थे बराबर
अवसर और संसाधन।
हर घर यही तो सिखाता है
अलग-अलग भाषाओं में—
'बाँट चोट खायी, गंगा नहाई!'"

पूर्वज मेरे किसान रहे होंगे
जो बोया, सो काटा का तर्क
वे समझते होंगे
इसीलिए हरदम ही ताकीद करते रहे
ऐसी कहावतों से!
हर बार जब भी मैं फेर में पड़ी
मैंने इसी पेड़ से पूछा
जिसके बारे में कहते हैं
कि यह भी क़लम था कभी

उस पेड़ का
जिसके नीचे
कुरुक्षेत्र में बिछी थी द्रावक शरशय्या
भीष्म पितामह की।
सो महाभारत का साक्षी रहा था यह,
अब भी उसकी भाषा बोलता था।
खसखसाती-सी
निकलती थी आवाज़ पत्तों से
हर हवा के झोंके पर।
मैंने जब पूछा कि दुनिया में कौन सगा,
कुछ देर को तो वह मौन ही रहा
फिर तेज़ आँधी की आवाज़ में
सूखे पत्ते बिखेरता बोला—
"सगा तो वो ही
जो कि कुछ भी नहीं बोला
पर साथ बना रहा
मंथर गति से चलता, आगे बढ़ता जैसे
युद्धभूमि में हाथी बढ़ता है
बौझार तीरों की हर तरफ़ से झेलता।"

उत्तरायण-3

घाट की सीढ़ियों पर उतार दी
देह की चप्पल
धीरे-धीरे उतर गई
पानियों में!
पानी की आँखें नहीं थीं,
अनगिन लहरिल पंख थे!
अक्सर ही होता है ऐसा—
जब तक आँखें रहती हैं क़ायम,
डैने नहीं उगते!
किससे कहूँ कि वह भँवर नहीं था,
मेरी नाभि थी,
और यह पुनर्जन्म था!
कोई भी डूब
होती है पुनर्जन्म, है न!
स्मृतियाँ भी पानी,
सपने पानी-पानी,
पानी की बाँहें नूरानी
आपको जकड़कर डुबा ही लेती हैं
अपने घनेरे आवर्त्तों में!
तो वो मेरा पुनर्जन्म था
अपनी ही नाभि के भँवर से!
अभी-अभी जन्मी थी मैं

नाल अभी कटी नहीं थी—
जीवन कट जाने के बाद तलक!
डूबीं जो नौकाएँ मुझमें—
नाभिनाल का उनसे रिश्ता था—
तब ही तो डूबने चली आई थी
सातों चक्रों पर
लेने भँवरी,
डूबने मेरे अनन्त तक!

उत्तरायण-4

न सोई, न जागी,
न ठहरी, न भागी,
बस उठकर बैठ गई!
अपने झमेलों की झाड़न बनाई,
झाड़ने लगी धूल क़ायदों से,
वायदों से!
रिश्तों के बाड़ों से लेकर उधार
ये कुछ महीन तार
एक बड़ा जूना तैयार किया
और रगड़कर साफ़ करने लगी
जले हुए दिल का भगौना!
कबिरा की काली कमली धोई
बदलियों की झाग से।
जब थककर चूर हो गई,
भूख से निढाल
एक पुरातन पेड़ से तोड़ी इमली,
यादों की खटमिट्ठी चटनी थी पास,
फाँक गई उनके सहारे ही
भड़भूंजे की सोंधी हाँड़ी से छिटके
साल-महीने-दिन
और पल-छिन!

उत्तरायण-5

उस दिन मैं कितनी छोटी पड़ गई थी—
एक बीज की खोल में समा जाने के लायक़!
वो तो भला हो कि बोली टिटिहरी
और मैं चटकने लगी, बढ़ने लगी पत्ती-पत्ती,
उस दिन बहुत रूखी मैं पड़ गई थी
प्यास से टटायी हुई जीभ जितनी!
वो तो भला हो कि ऐ दादुर,
तुम ताज़ा कीचड़ की गंध लिये घर में घुसे
और फिर घुमड़ने लगी बदलियाँ मेरी साँसों में!
उस दिन कैसे तो मैं जाम हो गई थी
—जंगा गई थी जैसे कोई खिलौना गाड़ी,
वो तो भला हो कि पटक गया बच्चा
और ब्रह्मांड कभी छिटका था जैसे अगिनगोले से,
मैं पर्चा-पर्चा छिटककर अनन्त हुई!

उत्तरायण-6

नाम उसका था पहलेजा,
पर लोग जाते थे पहलेजा घाट
मौत के घाट उतर जाने के बाद!
धूं-धूं जलती थीं चिताएँ वहाँ
जैसे कि जल्दी में हों!
टोपी, छड़ी और झोला ले
जैसे कि जाते थे मीटिंग में कांग्रेसी
एकदम से दनदनाते हुए,
लोग चले जाते थे
जीवन के पार!
जाने के पहले, जैसा कि होता है—
एकदम से अफरा-तफरी मच जाती थी—
खो जाता था उनसे वो ही आवेदन
जो लेकर जाना ज़रूरी हो—
देह का गत्ता उलट देना होता था
तब जाकर मिलता वो
कोने में छुपा पड़ा—
आवेदन आदिम तृष्णाओं का,
जन्मों से ख़ारिज!

बन्द रास्तों का सफ़र

बचपन में देखा था उसको,
वह एक बूढ़ा अघोरी था!
अपनी मस्ती में चला जा रहा था
कि किसी की पुरानी हिलमैन गाड़ी
पीछे से मार गई उसको!
उसको बचाने में जो भी लगे,
चुन-चुनकर उसे गालियाँ देता—
"अरे बेवकूफ़ो,
मैं तो किसी साँप की शान से
मरने ही चला था।
जानते भी हो कि किस शान से
साँप मरता है!
जब उसकी अन्तिम घड़ी आने लगती है,
किसी खोह में लेट जाता है शान्त,
भीड़-भड़क्के में नहीं मरते जीव-जन्तु,
प्रकृति के दुलारे।"
उसकी इस बात का तबोताब
आज अचानक याद आया
जब देखा टीवी पर—
सर पर कफ़न बाँधे
मज़दूर भाई-बन्धु मेरे
चले जा रहे बिहार वापस
लगभग दौड़ते हुए!

दिहाड़ी मज़दूर पैदल ही गाँव चल दिए
जैसे कि सिविल वार के बाद
भूखे बेरोज़गार
'द ग्रेप्स ऑफ रॉथ' में!
"रास्तों का क्या है,
रास्ते तो बन्द रहे हैं सदा से
हमारे लिए।
अपना घर ही ठीक है
भूखे मरने के लिए।
चाहे मड़ई मसक गई हो,
खटिया भी उल्टी धरी हो,
छीके की मटकी में
धोबिन चिरैया ही वास कर रही हो,
घर घर है, वहीं मरेंगे!"
वे उकताकर बोले!
माफ़ करना, कबीर बाबा—
उन्हें मोह है अब तक माटी का,
अब तक वे इतने सधुआए नहीं हैं
कि यों ही हँसकर कहें—
'मरना भलो बिदेश में जहाँ न अपना कोय
माटी खाय जनावरा, महामहोच्छय होय!
सर पर कफ़न बाँधे
दौड़ रहे हैं बदहवास—
'भूखे ही ऐंठकर मरें—
इससे बेहतर है करोना-कवाछ!'
ये ही सब सोचते हुए
दौड़े जाते हैं वे,
दौड़ते ही जाते हैं जब तक
हो ही नहीं जाते—
देश-काल सबके परे!

आइसोलेशन वार्ड में पखेरू

वैसे तो रात में पखेरू अमूमन नहीं उड़ते
पर मेरे प्राण के पखेरू झमाझम बरसती हुई रात में ही उड़े।

झमाझम बरस रही थी जन्मों की संचित स्मृतियाँ।
मौन कसमसाहट में डैने समेट लिये
और वहीं खिड़की पर बैठ गए प्राण पखेरू मेरे।

भीतर का एक दृश्य अद्भुत था :
एक आदमी जिसको जानती थी मैं कई सदियों से
किसी पुरोहित के निदेशों पर
डबल मास्क पहने हुए रँग रहा था
मेरे सब नाख़ून
लाल नेलपॉलिश से।
मुझको हँसी आ गई थी :
अच्छा तो यह होती है व्याप्ति
"सूली ऊपर सेज पिया" की।

दूसरा दृश्य जरा मारक था।
PPT किट के भीतर ही फफकते हुए
दोनों बच्चे
देख रहे थे सूनी आँखों से
निष्प्राण देह की कलाई,

उस पर बहुत मान से बाँधी
उनकी ही लाई घड़ी
अपनी ही चाल में चली जा रही थी।
समय देवता है तो शायद इसी ख़ातिर
कि उसको कुछ भी नहीं व्यापता,
वह अपनी रौ में बढ़ा जाता है।

इस महाप्राण देश में वैसे
हर महाभाव देवता है।
कुचिपुड़ी नृत्य का मुखौटा लगाए
पूरे तैंतीस करोड़ महाभावों का क्या होगा
जो यह दुनिया ही उजड़ जाए
जहाँ रौद्र, वीभत्स और भयानक रस भी लीला में शामिल हैं।
त्रिपुर सुन्दरी का ही एक पक्ष भैरवकाली है,
और तांडव भी महारास ही है।
बच्चे कुछ जानते हैं, कुछ नहीं जानते,
धीरे-धीरे लेकिन सब जान जाएँगे।
शहर सिखावे कोतवाली।
"रहना नहीं देस बिराना है" कहते हुए
जो ये मुड़ेंगे कहीं और की ख़ातिर तो यह समझते हुए :
उलटबाँसियों का यह अजब देश,
मँहगी है सारी दवाएँ, महँगे हैं रामबान
और जान सस्ती है :
बाई वन गेट वन फ्री।

खिड़की पर बैठे हुए प्राण पखेरू मेरे
सोच-सोचकर यह विकल हैं
कि इस बार तो ख़ाली हाथ ही
लौट जाएँगे बच्चे।
लाख चाहकर भी नहीं छान पाऊँगी उनके लिए अब कभी
गुझिया-खजूर-नमकपाड़े-शकरपाड़े
जो वे ले जाने में कितने नखरे करते थे

लेकिन फिर फ़ोन लगाकर कहते थे :
"सब-कुछ गजब ही बना था, माँ।
दोस्तों ने मजे से खाया मिलकर,
कुछ ठेकुए मैंने बचा भी लिये,
देर रात पढ़ते हुए अगर भूख लगे,
बहुत काम आते हैं ये।"

अकुलाकर इस बात पर
गर्दन घुमाकर
बाहर ही देखने लगे
प्राण पखेरू मेरे।
झिमिर-झिमिर बरस रही थीं सारी स्मृतियाँ
कई-कई जन्मों से संचित।
क़यामत के दिन आ गए थे न--
दूर वहाँ पापा खड़े थे
वो ही ओवरकोट पहने हुए
जिसमें छुपाकर मुझे मेरी ज़िद पर
तेज़ ज्वर में माँ से नज़रें बचाकर
आँधी दिखाने वे ले आए थे बाहर।
पूरा समाँ याद है अब तक।

सब कुछ उड़ा जा रहा था
उस प्रचंड आँधी में :
सारे संताप, भय सारे।
जो शब्द मैंने उचारे थे या भीतर धारे थे :
सूखे पत्तों जैसे उड़े जा रहे थे
अनन्त की तरफ़
कि अचानक
बरस गया पानी हहरकर
और जहाँ जो था, वह बैठ गया
ख़ुद में सिमटकर
जैसे कि बैठे हैं बीच रास्ते

प्राण पखेरू मेरे
टुकुर-टुकुर देखते हुए
दुनिया के सारे तमाशे।

निगमबोध घाट पर लिखा है :
"आप यहाँ तक लेकर आए, बहुत शुक्रिया,
आगे हम ख़ुद ही चले जाएँगे।"
पर मेरे साथ चिता पर मेरी
सात-आठ लोग जले :
एक पर एक धरे थे अपने शव जैसे,
देह नहीं थे, हम भी लकड़ी के कुंदे थे।
हम सबकी मिलती-जुलती थी कहानियाँ :
आख्यानों के और गपशप के इस देश में
हम एक धारावाहिक-सी कहानी ही थे।

जितनी तेज़ी से लपटें धधक रही थीं,
उतनी ही सुस्ती से धुआँ उठ रहा था :
बार-बार वापस पलटता हुआ
उन बांधवों तक जिन्हें जीवन वापस पुकार रहा था
और जो श्मशान से बाहर जाने की जल्दी में थे—
घर, दफ़्तर, जलसाघर।

यह एक खंड प्रलय था शायद हमारे लिए
और अभिधा-व्यंजना—दोनों में नानी याद आ रही थी,
नानी जो कहती थी कि प्रलय के बाद की
पहली सुबह जो होती है—
उसमें धुएँ की साड़ी पहने
आती है माता धूमावती
और वही चुनती हैं आँचल में
जलने से बची रह गई हड्डियाँ
यानी फूल चिता के।

आकाशगंगा में जो बह रहे हैं—
कुछ तो सितारे हैं,
कुछ फॉसफोरस के वही फूल हैं
और थोड़ी-सी स्मृतियाँ हैं :
मरघट-वैराग्य की घड़ी
जो लोगों के चित्त में
कुछ देर भभककर जलीं।

यह दुनिया अब भी

देखो तो
पंख कँपकँपाती, झिझकती-सिहरती,
अपनी औकात मापती
एक नन्ही ख़ुशी
एकदम से उड़ गई नीले आकाश में जो, वो
सृष्टि की पहली सुबह है क्या?
क्यारियों के बाहर, सड़क के किनारे
वे पीले, चटक लाल बूटे
जो खिलने की कोशिश में हैं—
क्या वे वही शब्द हैं
एक लम्बी चुप्पी के धुँधलके में
प्राणपन से ही टटोले थे उसने जो
और फिर अनुच्चरित छोड़ दिए थे
जैसे कि कविता में विवरण और राग हिंडोल में तीव्र गंधार?

छोटे ख़याल की तरह उठ रही है जो
दरअसल धुँधली-सी एक याद है गेंद-बल्ले की
बाल-संन्यासी के मन में बसी!
हर संध्या के पहले
मंदिर की छोटी खिड़की पर उचककर
देख लेता है वो कनखी से
क्रिकेट मैच हमउम्र बच्चों के
सामने मैदान में।

उस वक़्त उसकी आँखों में चमकते हैं जो तारे—
उनका ही वास्ता तुम्हें—
ग़ौर से देखो—
यह दुनिया अब भी बहुत ख़ूबसूरत है।

जैसे कि प्राचीन नदियों में
दीये तैराए जाते थे या नारियल
इंटरनेट की इन तरंगों पर
तैराई जाती है कई ज़रूरी सूचनाएँ
किसी अलक्ष्य के लिए
जो कि उस पार खड़ा हो शायद
भूखे अँधेरों में घिरा हुआ।

किसी और देश-काल से आई
ऑक्सीजन जो सिलिंडर में है—
किसी अजनबी के उन पस्तप्राण फेफड़ों में
जीवन सुलगाती है ऐसे
जैसे कि बुझते हुए लकड़ी-चूल्हों में
धौंकनी से फूँकें मारती हुई औरतें
अस्त-व्यस्त।

ड्रिप की बोतल पर उल्टा लटका
दलित रक्त टप-टप टपकता है
आर्त्त ब्राह्मण की धमनियों में
जुम्मन मियाँ का
पंडित मातादीन में!

जीवन को जीवन सँभाल रहा है,
बहे जा रहे हैं मुग़ालते
कहीं-कहीं तो दुनिया
पहले से भी ज़्यादा सुन्दर है।